一度は訪ねてみたい
日本の原風景

人・水・土が織りなす暮らし 全国**80**選

はじめに

　日本の人口は、2010年の1億2800万人をピークに減少局面に入っています。特に農山漁村では、過疎化・高齢化が進行し、農林漁業を中心とする経済の停滞や地域コミュニティーの活力低下は大きな課題になっており、「地域創生」の取り組みが待ったなしの状態です。

　一方で、近年、農山漁村が有する豊かな自然や歴史・文化に対する都市住民の関心が高まっています。さらに、日本に関心や興味を寄せる外国人旅行者も増加しています。訪日外国人旅行者を「インバウンド」と称していますが、2016年のインバウンドは2400万人を超えました。このため、政府は2020年のインバウンドの目標数を4000万人に倍増させ、2030年までに6000万人とすることを決定しています。

　外国人旅行者の関心は、東京、京都、大阪などの大都市圏や定番の観光地のみならず、飛騨高山、金沢、広島といった地方都市にも向いています。美しい田園風景、餅つき・祭りなどの伝統行事や地域の人々との触れ合いを通じて未知の日本を発見したいと農山漁村に足を運ぶ外国人も多くなってきています。

　明治の初め、イギリスの女性探検家イザベラ・バードは、山形の米沢盆地を訪ね、「米、綿、とうもろこし、煙草、麻、藍、大豆、茄子、くるみ、水瓜、柿、杏、ざくろを豊富に栽培している。実り豊かに微笑する大地でありアジアのアルカディア（桃源郷）である。……美しさ、勤勉、安楽さに満ちた魅惑的な地域である。山に囲まれ、明るく輝く松川（最上川）にかんがいされている。どこを見渡しても豊かで美しい農村である」（『日本奥地紀行』）と日本の情趣あふれる農村を絶賛しています。今、時を超えて、平成の世に探検家や作家の来訪を求めるのではなく、アジアや欧米からのごく普通の旅行者に気楽に日本のすぐれた景観や人々の暮らしに接してもらおうとすることは実に有意義です。

　こうしたインバウンドの人々を農山漁村で受け入れる体制づくりは急務です。政府は、インバウンドに農村の宿泊を通して日本の農山漁村の良さを知ってもらい、さらには地域活性化に一役買ってもらおうと、「農泊」プロジェクトをスタートさせました。その前提としては、日本の農山漁村に関する情報の提供・発信が不可欠です。

　日本列島は、東アジア・モンスーンの温暖で湿潤多雨な気候に恵まれる一方、世界でもまれにみる地殻変動地帯に位置し、国土は狭く急峻で火山活動や地震の頻発など自然災害が多発す

る厳しい国土条件下にあります。先人は、こうした自然条件や地形条件をうまく活かし制御しながら水田を切り開き、稲作を基本とする農業を発展させてきました。古来より築かれてきた疏水（農業用水）、ため池、棚田、段畑はその証です。日本の持続可能な農業の基盤は、まさに「水と土」にあるのです。

こうした水と土の風景はその機能美ゆえに人々を引き付けます。水と土の基盤の上に営まれる農業は、地域固有の農産物を生産し、直売所、農家レストラン、農業体験などを通じ農村を訪れる人々に食の魅力を提供しています。

農村は農家を含む地域の人々の生活の場でもあります。農家に宿泊して、地域の特産品や食材、郷土料理を楽しみ、地域の祭りへの参加体験など農村の生活や文化に触れる機会は、日本の農村でしか味わえない醍醐味でしょう。

疏水、ため池、棚田、段畑という水と土の地域資源は、まさに日本の原風景と呼ぶべきものですが、残念ながら世の中には十分に認知されているとは言えません。

一般財団法人日本水土総合研究所は、農業・農村の基礎をなし国土の基盤である「水と土」に関する調査研究を通じて農業農村の振興を推進していくことを使命としています。本書『一度は訪ねてみたい日本の原風景』は、当研究所の調査研究活動の一環として、全国の疏水、ため池、棚田、段畑の中から80地区を取り上げ、人・水・土が織りなす「農」「景観」「歴史・文化」「技術」「食」「暮らし」にわたる農村の総合的な魅力を発信していくことを狙いとしたものです。

取りまとめに当たり、青木辰司東洋大学社会学部教授、齋藤充利農協観光営業企画部長、豊田裕道東京農業大学地域環境科学部教授から貴重なご意見・ご助言をいただきました。また、80地区の関係市町村、土地改良区の方々からはこの企画に対する全面的なご賛同・ご協力をいただき、広範な情報・資料・写真の提供をいただきました。厚くお礼申し上げます。

本書の刊行が契機となって、少しでも多くの方が水と土の資源に関心を持ち、国内はもとより訪日外国人も含めて農村地域を訪れることを切に願っています。

平成30年1月

一般財団法人 日本水土総合研究所
理事長　齋藤晴美

四季に彩られた日本の原風景に会いに行こう

網の目のように張り巡らされ、人々の憩いの場となっている用水や、山肌に沿った幾何学模様が美しい棚田。周囲の自然と調和がとれたため池・ダムや絵画のような景色が広がる段畑など、日本には外国人観光客に人気のフォトジェニックな農業に関わるスポットが多い。人々の暮らしに溶け込み、四季それぞれの魅力を持った場所は、いつ訪れても心をゆさぶられる。

あらぎ島（和歌山県有田郡有田川町）

春

琵琶湖疏水（滋賀県大津市／京都府京都市）

美瑛（北海道上川郡美瑛町）

夏

源兵衛川（静岡県三島市）

秋

御射鹿池（長野県茅野市）

坂折棚田（岐阜県恵那市）

廻堰大溜池（青森県北津軽郡鶴田町）

冬

白米千枚田（石川県輪島市）

日本の原風景とは

水と土の地域資源

　日本の歴史は米作りとともに発展してきたといっても過言ではありません。縄文時代は紀元前8000年から紀元前300年ころまでの長期間に及びます。人々は狩猟・採集・漁労を主体として暮らしていたので多くの人口を養うことはできず、縄文末期の日本列島の人口はおよそ16万人程度であったと推定されています。弥生時代に入り本格的に水田稲作農業が普及するにつれ人口は大幅に伸び、国家としての日本が形成されました。奈良時代の725年には農地面積約100万ヘクタール（人口約450万人）、江戸時代目前の1600年には農地面積約150万ヘクタール（人口約1200万人）、明治初期の1872年には農地面積447万ヘクタール（人口3300万人）まで増加しました。また、戦後の食糧難の時代に緊急開拓を行った結果、農地面積は1961年に614万ヘクタール（人口9400万人）とピークを示しましたが、高度経済成長期以降に急激に農地面積が減少し、現在は447万ヘクタール（2016年）となっています。

　このように歴史的に見ると農地面積の拡大は人口の増加に大きく貢献してきました。しかし、1960年代を境として、日本の経済構造が大きく変化し、経済活動に伴う農地の転用と食料の海外からの輸入が本格化してきたことを示しています。この結果、日本の食料自給率はカロリーベースで40％を割るまでに低下しています。いざという時でも国民に食料を安定的に供給する食料安全保障の観点から、国内の食料生産の基盤である農地や農業水利施設の維持保全が重要になっています。

　農地447万ヘクタールのうち、水田は243万ヘクタール、畑地は204万ヘクタールです。水田にはくまなく水が供給され、畑地も約20％がかんがいされています。河川や湖沼から取り入れられた水は水路によって一枚一枚の農地に送水されます。この水路は用水路あるいは疏水と呼ばれています。全国の農地に張り巡らされた用水路は、古代からの長い歴史の中で作られてきたもので現在の総延長は地球10周分の約40万キロメートルにも及びます。

　ため池は、河川などの水源の乏しい地域で雨水を貯留し水源とする施設で全国に約20万カ所もあります。大阪の狭山池は古事記に記される日本で最も古いため池といわれ、ため池は古代から築造されてきました。多くは江戸時代以前に地域の農家の人々によって作られてきました。

　棚田や段畑は、山間地域の山の斜面などに階段状に築かれた水田、農地です。傾斜度1/20より急な農地は全国で約20万ヘクタールとされています。棚田の多くは江戸時代に築造されたといわれています。平野部の水田に比べて条件は厳しく、生産性がどうしても低いので維持するのが困難になりつつあります。しかし昼夜の温度差を活かした味の良いコメや「耕して天に至る」と形容されるような美しい景観を作り出してきました。

『一度は訪ねてみたい日本の原風景』
選定の視点

　本書で扱う疏水、ため池、棚田、段畑は、農業生産の基盤であるとともに長い歴史を通じて人々の生活に深い関わりを有し、農村の風景の一部ともなっています。これらの中から、一定の指標で代表的な施設を選び出し、農村の魅力を発信する資源としての価値を再発見していこうと思います。

　これまで農水省をはじめ国際機関などの各組織が農地や水に係わる各種の地区選定（疏水百選、棚田百選、ため池百選、世界農業遺産、世界かんがい遺産……）を行なっています。今回の『一度は訪ねてみたい日本の原風景』では、こうした認定地区も参考にしつつ、都市住民や海外からの訪日客にとっても観光的な魅力があると考えられる地区を以下の6つの新たな、かつ独自の視点から横断的に選考しました。

①持続可能で特色ある農業の営み

　農地、水、人、技術の4要素がうまく機能して食料を安定的に供給し続けることができる。中でも自然資本でもあり社会資本である農地と水は、日本の食と食文化を支えてきた基盤であり、安全でおいしい農産物を生産している。また、地域資源を有効に活用し、特色ある農業を展開している。

②感動的で記憶に残る景観

　建造された当時の優れた技術の粋を集めた水利施設は機能美があり、印象的な景観を形成している。例えば、割石をアーチ状や流線型、あるいは垂直に高く積んだ水利施設などである。

　水と土のすぐれた景観であるが故に、文人墨客が多く訪ね、俳句や短歌、文学作品や絵画を残している。その景観は現在も保存され当時に思いを馳せるとともに、改めて俳句や絵画などに触れるきっかけとなる。

③興味を引き付ける歴史、文化、技術

[歴史]

　古事記、日本書紀や中世の文書などに記述されるとともに歴史上の人物、郷土の偉人が手がけた農地や水利施設で数百年～千年以上の歴史があり、その痕跡を今もとどめ現地に赴くとその魅力に接することができる。

　大規模な水利施設構造物は、地域の活性化や農業の発展に貢献し人々から愛されていることから、水利施設の傍らにその開発の歴史的な資料、遺物や学術的な資料を陳列する歴史博物館などがある。

[文化]

　わが国の伝統的な農法が行われている農地であり、集落で一体となって保存活動に努めている。さらに、田植え前の豊作の祈りや稲刈り後

の収穫に対する感謝の祈りなどが行われ、地域の祭りや舞踊などの伝統文化がある。

[技術]

　厳しい自然条件の下、少ない水や急傾斜の山などの地域資源を最大限に活用するため、各農家に均等に分水する、あるいは高い石垣を積むなど当時の高度の技術が今なお残り、そこで今も営農が続けられている。

④有名な郷土料理、地域の食材を提供する農家レストラン、ファーマーズマーケット

　農家レストランや農家民宿で地域の新鮮な食材を活かした料理に舌鼓を打ち、作物の栽培や調理方法の話に花を咲かせ、食を丸ごと体験する。

　道の駅、朝市などのファーマーズマーケットで新鮮な野菜や果物を購入する。

⑤農家民宿や農業体験

　農家や民宿に泊まり、農家や地域の人々の日々の暮らしに触れ交流を深める。棚田での田植えや稲刈り、果物の収穫など農作業を体験し、土にまみれてカエルやドジョウ、トンボなどの生き物に触れる。

⑥近傍の観光スポットとの観光ルートの形成

　農地や水利施設の傍らに有名な観光地があり、地域のつながりの中で安らぎや憩いの場として広く世の中から認められ、周遊コースの一つとして組み込まれている。

選定の考え方

　こうした選定の考え方を端的に示すと図のようになります。日本の原風景と呼べる疏水、ため池、棚田、段畑という地域資源は長い歴史を通じて人・水・土が織りなしてきた暮らしであり、農業生産活動を通じて歴史・文化・技術をはぐくみ地域独特の景観を形成してきました。そこに外部の人々を引き付ける要素（食、観光、農泊）が加味され、都市住民や訪日外国人にアピールする魅力となっているというものです。

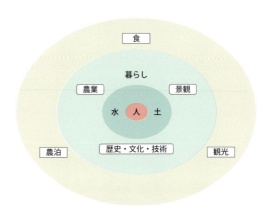

日本の原風景とは

80地区の選定

　80地区の選考は、当研究所の総合的な判断の下に行っています。その際、次の3名の有識者の方々から大変貴重で示唆に富んだご意見ご助言をいただきました。

青木辰司	東洋大学社会学部教授
齋藤充利	（株）農協観光営業企画部長
豊田裕道	東京農業大学 地域環境科学部教授

　有識者との議論の中で、選定された80地区はすべて水と土に関わる歴史的文化的価値が高いすぐれた地区であるという共通の認識の下、国内の観光資源としての価値が高いもの、さらに、海外からの訪日客の関心にも応え国際的価値の高いものという分類を示すこととしました。

　本書では、その区分を以下のマークで示しています。

🌸	サクラ	訪日外国人客（インバウンド）の関心にも応え、国際的な価値が認められるもの
🍁	カエデ	国内観光資源として魅力が高いもの
🌼	アヤメ	水と土に関わる歴史的・文化的価値の高いもの

本書の活用

　本書は、疏水編、ため池・ダム編、棚田・水田遺跡編、段畑編の4章から構成されています。

　すべての地区は見開き2ページで取り上げ、キャッチや説明文と写真で地区の特徴や魅力を分かりやすくお伝えするようにしています。また、近傍の立ち寄りスポットを3カ所紹介し、地区を中心とした観光ルート設定に役立てていただく工夫をしました。道の駅などの農産物直売所、農家レストラン、農家民宿、地域の歴史を知ることができる博物館などさまざまです。簡単なガイドマップも付けました。

　こうした情報を参考に訪ねてみたいところを選んでいただいたら、より詳しいアクセス情報はインターネット検索で簡単に得ることができるでしょう。

　一度は訪ねてみたい疏水、ため池、棚田、段畑……から、お気に入りの地区を選んで日本の原風景への旅を楽しんでいただくためにも、本書がその誘いになることを期待しています。

　本誌に掲載した内容は、2017年8月～2017年12月の取材・調査によるものです。本誌出版後に料金や商品内容、各種データなどが変更されたり、季節による変動や臨時休業などでご利用できない場合があります。ご利用の際には事前にご確認ください。

　休業日・休館日は、原則として、定休日のみを表示し、年末年始やゴールデンウィーク、お盆、臨時休業などは省略しています。交通アクセスは、所要時間は目安ですが、季節や天候、ダイヤ改正などにより変動することがあります。

目 次

はじめに ——————————————————————— 2

四季に彩られた日本の原風景に会いに行こう ——————— 4

日本の原風景とは ————————————————————— 8

疏 水　18

「水と緑の国」を象徴する
日本の原風景がここにある

区分	名称	ポイント	エリア名	ページ
🍁	稲生川用水	160余年の歴史を誇る農業用水 南部盛岡藩の新渡戸家が精魂	青森県十和田市	22
🪻	胆沢平野・円筒分水工	300年余の水争いに終止符 農村融和の均一分水システム	岩手県奥州市	24
🍁	大堰内川	仙台藩62万石の基礎を築いた 若き伊達政宗の地域戦略	宮城県大崎市	26
🪻	田沢疏水	国内有数の米どころを潤す 苦難の末に完成した疏水	秋田県大仙市	28
🌸	金山大堰	秀峰神室山に抱かれた 美しい水辺の景観	山形県 最上郡金山町	30
🍁	安積疏水・猪苗代湖	猪苗代湖をダム化して 安積原野に水を送る大事業	福島県 耶麻郡猪苗代町・郡山市	32
🪻	備前堀	治水と利水を兼ね備えた用水 水辺の風景が市民に愛される	茨城県水戸市	34

🌸：訪日外国人客（インバウンド）の関心にも応え、国際的な価値が認められる。
🍁：国内観光資源として魅力が高い。　🪻：水と土に関わる歴史的・文化価値が高い。

福岡堰	桜並木が彩りを添える 関東三大堰に数えられる堰	茨城県 つくばみらい市		36
那須疏水旧取水施設	明治期の貴重な土木遺跡が残る 那須野が原開拓のシンボル	栃木県那須塩原市		38
雄川堰	藩政時代には御用水奉行が管理 今も名勝「楽山園」に注ぐ	群馬県 甘楽郡甘楽町		40
広瀬川	もとは坂東太郎、利根川の本流跡 前橋を発展に導いた用水路	群馬県前橋市		42
見沼代用水・見沼通船堀	高い土木技術で造られた 武蔵の国の農業を支えた大動脈	埼玉県さいたま市		44
葛西用水	「関東流」の治水技術を駆使 徳川家康の命を受け伊奈忠次が整備	埼玉県草加市		46
府中用水	全長6キロの農業用水 多摩地区の希有な田園風景を創出	東京都 国立市・府中市		48
二ヶ領用水・久地円筒分水	GHQの技師が視察に訪れた 分水システムのモデル施設	神奈川県川崎市		50
三分一湧水	三角石柱で水を均等に配分 名水百選「八ヶ岳南麓高原湧水群」のひとつ	山梨県北杜市		52
拾ヶ堰	延べ6万7000人の農民が手掘り わずか3カ月の工事で完成	長野県安曇野市		54
源兵衛川	水の都・三島を代表する 潤い豊かな水辺の風景	静岡県三島市		56
加治川用水・内の倉ダム	加治川の豊渇差をダムで解消 内部空間ではコンサートも	新潟県新発田市		58
庄川合口堰堤	庄川に点在した取水口を集約 穀倉地帯に水を安定供給	富山県砺波市		60
常西合口用水	日本初の合口事業を遂行 オランダ人技師ヨハネス・デ・レーケ	富山県富山市		62
手取川七ヶ用水	特筆すべき枝権兵衛と ヨハネス・デ・レーケの功績	石川県白山市		64
金沢の用水	景観や融雪、防火など 多くの役目を担う	石川県金沢市		66
足羽川用水	世界かんがい施設遺産に登録された 足羽の清流	福井県福井市		68
席田用水	幻想的なホタルの名所 命つなぐ水を巡る論争も	岐阜県本巣市		70
瀬戸川用水	情緒豊かな城下町に溶け込み 色とりどりの鯉が優雅に泳ぐ農業用水	岐阜県飛騨市		72
濃尾用水・犬山頭首工	国宝犬山城を水面に映し 濃尾平野を潤す犬山頭首工	愛知県犬山市		74
立梅用水	貧しい農民を救おうと地士が立案 紀州藩を動かし、完成させる	三重県 多気郡多気町		76

目次

🌸	琵琶湖疏水	日本初の技術を結集し 京都の街に活力をもたらした疏水	滋賀県大津市／ 京都府京都市	78
💠	一の井堰と洛西用水	5世紀に渡来した秦氏の時代から 受け継がれる一の井堰と洛西用水	京都府京都市	80
💠	淡山疏水	難所を越える「御坂サイフォン」 近代水道の父、英国人技師パーマーが設計	兵庫県三木市	82
💠	小田井用水	紀の川右岸の河岸段丘を ３００年間潤し続ける用水路	和歌山県紀の川市	84
💠	大井手用水	関ヶ原の戦いの後に造られた 地域生活を支える大規模な用水路	鳥取県鳥取市	86
💠	高瀬川	江戸時代には高瀬舟が往来 地域の物流にも貢献した農業用水	島根県出雲市	88
🍁	高梁川東西用水・取配水施設	水を巡る不毛の争いに明け暮れた 高梁川下流の干拓地	岡山県倉敷市	90
💠	倉安川と吉井水門	農業用水と運河を兼ねた 高瀬舟が行き交う用水路	岡山県岡山市	92
💠	芦田川用水	慢性的な水不足を解消し 地域の特産物を育てる用水	広島県福山市	94
🌸	藍場川（大溝）	6代萩藩主の英断が生んだ疏水 城下町・萩の発展を支える	山口県萩市	96
💠	吉野川北岸用水	河岸段丘の農地に恵みの水 吉野川総合開発事業	徳島県三好市	98
🌸	四ヶ村溝	のどかな田園地帯に 水車とあじさいが映える	高知県四万十市	100
🌸	堀川用水及び朝倉揚水車	日本の水田開発の歩みを物語る 田園風景と日本最古の水車群	福岡県朝倉市	102
💠	裂田溝	『日本書紀』に登場する 日本最古の開削用水路	福岡県 筑紫郡那珂川町	104
🌸	柳川の掘割	情緒あふれる川下りも盛況 歴代領主が整備した農業用水	福岡県柳川市	106
💠	大井手堰	干ばつ、でなければ水害…… 皮肉な水事情に一計	佐賀県佐賀市	108
💠	小野用水	逆サイフォン式の技術を応用し 穀倉地帯を潤す用水	長崎県諫早市	110
🌸	通潤用水	日本最大級の石組みアーチ水路橋 一帯が重要文化的景観に選定	熊本県 上益城郡山都町	112
🍁	幸野溝・百太郎溝水路群	人力を尽くした農業用水は ３００年間暮らしを支え続けた	熊本県球磨郡 湯前町〜錦町	114
💠	旧郡築新地甲号樋門	八代海干拓事業の象徴 明治の遺構として高い評価	熊本県八代市	116
🌸	白水溜池堰堤水利施設	巨大な堰堤を越えて 衣のように流れ落ちる白い水	大分県竹田市	118

🌸：訪日外国人客（インバウンド）の関心にも応え、国際的な価値が認められる。
🍁：国内観光資源として魅力が高い。　　💠：水と土に関わる歴史的・文化価値が高い。

区分	名称	ポイント	エリア名	ページ
🪻	緒方疏水	水車が回る 懐かしい田園風景	大分県豊後大野市	120
🪻	清水篠井手用水	謎を秘めたトンネル用水は 人々の汗と苦労の結晶	鹿児島県南九州市	122
🍁	仲村渠樋川	大地から湧き出す水を集めた 石造りの共同用水場	沖縄県南城市	124
🌸	宮古用水	激しい干ばつから島を救った 世界初の大型地下ダム建設	沖縄県宮古島市	126

ため池・ダム —— 128

水との闘いを解決した人々の英知の結晶

区分	名称	ポイント	エリア名	ページ
🍁	廻堰大溜池	秀峰岩木山に抱かれた 美しい水辺の景観	青森県 北津軽郡鶴田町	130
🌸	御射鹿池	鏡のような湖面に木々が映り込む 東山魁夷の名画を生んだ絶景の地	長野県茅野市	132
🪻	入鹿池	水不足や水害から人々を守る 日本最大級の農業用ため池	愛知県犬山市	134
🪻	永源寺ダム	琵琶湖の水位が3センチ上がる ダム湖の全貯水量	滋賀県東近江市	136
🪻	広沢池	数々の名歌を生んだ観月名所 風光明媚な北嵯峨のため池	京都府京都市	138
🍁	狭山池	1400年の歴史を秘めた 日本最古のため池	大阪府大阪狭山市	140
🪻	いなみ野ため池群	日本有数のため池密集地 水不足が生んだ利水技術の結晶	兵庫県 加古郡稲美町など	142
🌸	豊稔池ダム	水との闘いに終止符を打った 先人たちの英知の賜物	香川県観音寺市	144
🌸	満濃池	丸亀平野一帯の水利を担う 讃岐の水がめ	香川県 仲多度郡まんのう町	146

棚田・水田遺跡 —— 148

たった一枚もおろそかにできない
水の循環が命をはぐくむ

区分	名称	ポイント	エリア名	ページ
❁	骨寺村荘園遺跡	絵図に描かれた景観が現存する 奥州藤原氏ゆかりの荘園遺跡	岩手県一関市	150
❁	象潟「九十九島」	浮かび上がる島々に 往時の姿がよみがえる	秋田県にかほ市	152
🍁	大山千枚田	大小375枚の水田が連なる 東京から一番近い千枚田	千葉県鴨川市	154
🍁	姨捨の棚田	多くの歌人を魅了した 心和む名月の里	長野県千曲市	156
❁	柏崎の棚田	地域に恵みをもたらす かけがえのない棚田	新潟県 柏崎市高柳町	158
🌸	白米千枚田	海と棚田の織りなす 美しいコントラスト	石川県輪島市	160
❁	坂折棚田	江戸時代から続く棚田は 地域の知恵で守り抜く	岐阜県恵那市	162
🍁	四谷の千枚田	山の湧水がもたらす恵み 先人が汗と涙で遺した棚田	愛知県新城市	164
🌸	丸山千枚田	日本の農耕文化の原点は千枚田 その矜持が棚田を荒廃から救う	三重県熊野市	166
❁	唐古・鍵の条里制水田	貴重な農耕初期の生活文化を今に伝える 全国最大級の環濠集落	奈良県 磯城郡田原本町	168
❁	神奈備の郷 稲渕	彼岸花が咲く頃に訪れたい 大都市近郊の棚田景観	奈良県 高市郡明日香村	170
❁	あらぎ島	扇形に並ぶ54枚の水田が 有田川町のシンボル	和歌山県 有田郡有田川町	172
🍁	泉谷棚田	地域活性化の切り札 表情豊かな石積みの棚田	愛媛県 喜多郡内子町	174
🍁	梼原神在居の千枚田	脱藩の坂本龍馬が駆け抜けた 美しい石積みの棚田	高知県 高岡郡梼原町	176
🍁	田染荘	カーブを描く水田に、 中世の荘園集落の姿を留める	大分県豊後高田市	178

🌸：訪日外国人客（インバウンド）の関心にも応え、国際的な価値が認められる。
🍁：国内観光資源として魅力が高い。　❁：水と土に関わる歴史的・文化価値が高い。

段畑 — 180

吹き渡る風と分け隔てない陽の光
先人の労苦が積み上げた畑

区分	名称	ポイント	エリア名	ページ
🌸	美瑛	パッチワークのような 美しい農業景観	北海道 上川郡美瑛町	182
🍁	宇和島遊子	漁村の営みを物語る 「耕して天に至る」段畑	愛媛県宇和島市	184
🌸	高千穂郷・椎葉山	自然環境を生かした農林業と 独自の伝統文化を受け継ぐ	宮崎県 東臼杵郡椎葉村	186

地図 — 188

索引・地域別 — 192

おわりに — 194

疏水

「水と緑の国」を象徴する日本の原風景がここにある

英国人作家が称えた珠玉の箱庭を彩る癒しの清流

金山大堰／山形県最上郡金山町（本文30頁掲載）

　日本の国土には農地に水を送る「疏水（そすい）」と呼ばれる水路が毛細血管のように張り巡らされている。総延長は約40万キロメートルを数え、実に地球10周分にも相当する。「水と緑の国」を象徴する疏水の絶景が日本の原風景と呼ばれるゆえんだ。

　山と河川が複雑に入り組む日本において、川の水はさながら「命の水」にほかならない。

　国土が狭い日本に平野は3割ほどしかない。急勾配を流れ下る河川は、ともすると集中豪雨などで激流と化し、人命が損なわれる不幸な歴史が刻まれてきた。それでもなお、降水がもたらす河川の流れは、命をつなぐのに不可欠な天の恵みに違いなく、先人たちは父祖代々の土地に根をおろし、山に木を植え、暴れ川をなだめる治水に英知を注いできた。

①中心部を流れる金山大堰は、美しいまちのシンボル　②水路が張り巡らされた金山町は、古き良き日本にタイムスリップしたような景観が広がる　③金山大堰には春から秋まで約200匹の錦鯉が放流され、癒しの空間となっている　④金山大堰は金山町に彩りを添え、米や野菜など多くの恵みをもたらしている　⑤引かれた水は排水口からまた水路に戻り、地域全体で水を大切にする精神がこのまちに息づいている

　一本の川から何本もの水路を導き出し、田畑を湿らせた後、再び川に水を戻す巧みな循環。かくも見事な日本の「大地との戦い」「水とのせめぎあい」には、幾世代を超えた辛苦のドラマが秘められている。そうした過去の記憶が鮮明なるがゆえ、「疏水のある風景」が日本人の心に宿る原風景となったことを忘れてはならない。

　周囲をぐるりと杉の美林に囲まれた小さな盆地にある山形県金山町も、日本を代表する疏水、金山大堰（かねやまおおぜき）が流れる美しい山里として知られる。

　この町は江戸時代、羽州街道の宿場として栄え、明治以降は林業が近隣の発展を支えてきた。こぢんまりと人家が集積する町の中心部には金山大堰が流れ、しっくいの白壁と切り妻屋根、杉板張りで統一された箱庭のような美しい街並みが旅情を誘う。

　明治時代、この地を旅で訪れた英国人作家のイザベラ・バードは、近くの神室山（かむろやま）に源を発する清流が人家の間を縫うように走る金山のたたずまいに魅了され、帰国後に出版した旅行記『日本奥地紀行』の中で「美しく静かで健康的な場所」と称え、珠玉の箱庭として、外国人に広く知られた歴史がある。

　金山大堰は戦国時代から約500年の歴史を持つ。大堰の流れとともに生き、暮らしてきた金山の人々の営みは、大堰から何本も枝分かれした用水を家の中や庭に引き込む独特の生活様式を生み出した。

　農業用水として地域の田畑を潤し、良質な米やニラ、ネギなどの産地となっている。一方で、生活用水としても暮らしに溶け込んできた歴史の一端は、今も垣間見られ、庭の池や洗い場で農作物の泥を落としたり、草花に水をまくのどかな日常は、四季を通して大堰の清流とともにある。

風情豊かな四季のうち、春から秋にかけての季節は大堰に放流された色とりどりの錦鯉の群れが流れを彩り、優雅な親水空間を描き出している。かつてのイザベラ・バード女史と同様に、インバウンドでこの地を旅する海外からの旅行者たちも目を奪われるのに違いない。

　「昔は台所の横に水場があり、食事が終わればそこで食器を洗い、ごはん粒やおかずの残りを鯉が食べて水を浄化していた。だから流れはいつも美しかった」。こう懐かしそうに振り返るのは大堰近くに住む年配の男性だ。

　こうした鯉と住民の深い関わりが鯉の養殖産業を生んだばかりか、一世を風びした金山杉も一帯のきれいな水によって守り続けられ、杉材の香りがあふれる金山の町の風情にも、人々の営みにも、山里を走る清流が母なる流れとして不可欠だったことがうかがえる。

　「豊かな水の恵みがもたらしたのは、私たち自慢の箱庭の町と父祖伝来の産業だね」。こう語る地元建設会社の経営者、川崎俊一さんの言葉は誇りにあふれ、凛とした美しさを醸しだす金山大堰の恩の大きさを物語っている。

豪雨にも負けない農家の情熱が菱野三連水車を動かす

堀川用水及び朝倉揚水車／福岡県朝倉市（本文102頁掲載）

　疏水が地域のシンボルとして住民に大切にされている例は全国にある。その一つ福岡県朝倉市の菱野三連水車は、国内最古の水車として名高い。

　菱野三連水車は周囲ののどかな田園風景に溶け込み、記念切手の絵柄にも採用されるなど今も人々を魅了し続けている。江戸時代から堀川用水の水を汲み上げ、川より高い場所にある田畑に水を送る重要な役割を果たしてきた。

　2017年7月、福岡県と大分県で30名以上が犠牲になった九州北部豪雨災害で、堀川用水に大

量の土砂や流木が流れ込み、三連水車は何とか原形はとどめたものの動かなくなった。その後、復興のシンボルにとの住民の思いをくみ、農家が中心となって土砂を手作業で取り除いた結果、わずか1カ月で元の力強い姿を取り戻し、再び回るようになった。

博多万能ねぎ農家の二代目・徳永英樹さんもまた、三連水車の再稼働を心待ちにしていた一人だ。博多万能ねぎは、下仁田ねぎ（群馬県）、岩津ねぎ（兵庫県）と並ぶ日本三大ねぎの一つで、昭和61（1986）年に天皇杯を受賞し、味も品質も折り紙付きの特産物だ。

料亭や料理人にもファンが多く、主に薬味として利用されている。現在、110軒の農家が博多万能ねぎを栽培し、関東を中心に福岡などに出荷している。

出荷額はここ数年約25億円で推移していたが、豪雨被害で7割のハウスが冠水し、出荷量は例年の半分程度まで落ち込んだ。

徳永さんのハウスも被害を受け、泥を取り除くだけで3カ月かかった。徳永さんは「何度も水害や台風に遭いながら立ち上がってきたのが、この土地の農家の歴史で、肥沃な土地は先人たちの努力のおかげです」と言い、父祖の地で農業を営める喜びと感謝の気持ちを忘れていない。

朝倉市は博多万能ねぎ以外にも富有柿、ブドウ、イチジク、梨などが栽培され、全国に収穫期を心待ちにしている人が多い。蘇った三連水車のように逆境にも負けない、情熱を秘めた農家がこの地を支えている。

①朝倉市の筑後川沿いは、博多万能ねぎを栽培するビニールハウスが並ぶ一大産地　②昭和61（1986）年、博多万能ねぎが第25回全国農林水産祭で天皇杯を受賞し、建てられた記念碑　③高い位置にある田や畑に水を自動でくみ上げる菱野三連水車　④常に最上の博多万能ねぎを提供できるよう葉先のチェックにも目を光らせる徳永さん　⑤博多万能ねぎを食べれば、「医者いらず、医者知らず」とも言われるほど入荷を心待ちにしている人が多い

青森県十和田市
いなおいがわようすい
稲生川用水

160余年の歴史を誇る農業用水 南部盛岡藩の新渡戸家が精魂

稲生川用水は人も住めないと言われた不毛の大地を潤し続けている。青森県を代表する穀倉地帯の生命線であり、生活・防火用水としても地域に欠かせない。

荒廃していた台地が県下一の水田地帯に

稲生川用水は、国内の湖で3番目に深い十和田湖と、ここから流れ出る奥入瀬川を水源に、十和田市をはじめ2市4町に貴重な水をもたらしている。火山灰が堆積し、かつては不毛の地と呼ばれた三本木原（さんぼんぎはら）台地を東西に横断して流れ、太平洋に注ぐ。平成18（2006）年に農林水産省が選定した「疏水百選」に選ばれている。

安政2（1855）年に南部盛岡藩士の新渡戸傳（にとべつとう、稲造の祖父）が工事に着手した。その後、長男の十次郎、孫の七郎も工事に精魂を傾け、明治4（1871）年に11キロメートルの水路を完成させた。昭和12（1937）年からは国営開拓建設事業に引き継がれ、総延長約71キ

疏水　青森県十和田市　稲生川用水

春には水路沿いの桜が咲き、ウォーキングする人々の目を楽しませる

ロメートルに及ぶ水路網が整えられている。

　今、稲生川用水は約6000ヘクタールの農地を潤し、荒廃していた三本木原台地は青森県を代表する穀倉地帯に生まれ変わっている。生活用水や防火用水としても利用され、環境保全における役割もまた担っている。

高度な知恵と技術が生んだ土木遺産

　稲生川用水には、奥入瀬川から稲生川への取水口をはじめ、トンネル水路、サイフォン、水路橋など、見学可能なポイントがいくつもあり、卓越した知恵を持ち、高度な土木技術を駆使した先人たちの苦難の歴史に触れられる。

　毎年5月3日にはこうしたポイントを訪ね、開拓の歴史をたどる「十和田ウォーク」が開催され、ふるさとの土木遺産に光が当てられている。この日、大勢の人たちが散策するコースは平成27（2015）年に「新日本歩く道紀行100選」（特定非営利活動法人新日本歩く道紀行推進機構）に選ばれている。

　稲生川用水は現在、水土里ネット稲生川が水量や施設の管理を行ない、未来に残すべき地域の遺産として、啓発活動を続けている。

DATA
バス：十和田観光電鉄バス元町東バス停下車すぐ
車：百石道路下田百石ICから車で30分

◆ 稲生川用水と合わせて行きたい！オススメ周辺情報

手づくり村鯉艸郷

季節の花が彩る東北随一の農園

500種類の花菖蒲や東北最大級4000平方メートル1万株のルピナスなど季節を彩る花々が咲き誇る観光農園。古民家レストランがあり、ブルーベリー摘みや火おこしなど体験メニューも充実している。

DATA ☎0176-27-2516　営9:00～17:00(4月下旬～10月末)　料300円～(季節によって異なる)　所青森県十和田市大字深持字鳥ヶ森2-10　交八戸自動車道八戸ICから60分　Pあり　MAP P191 A-3

十和田の農園カフェ

ヘルシーメニューが続々登場

十和田は日本一の生産量を誇るニンニクをはじめ、長イモやゴボウ、ネギなどの名産地。市内には農園カフェが点在し、旬の野菜をふんだんに使ったヘルシーメニューを提供している。

DATA 所青森県十和田市内

お試し農業体験

十和田ならではの本格農家体験

ニンニクやゴボウ、ネギの栽培が全国的に有名な十和田市。市が推進する農業体験では収穫や食事、民泊など幅広い体験を通して「食・農」を学び、地元農家との交流も魅力のひとつ。

DATA ☎0176-51-6743(十和田農業体験連絡協議会事務局)

岩手県奥州市
いさわへいや・えんとうぶんすいこう
胆沢平野・円筒分水工

300年余の水争いに終止符
農村融和の均一分水システム

胆沢平野はかつて、水争いが絶えなかった。そうした土地に建設された円筒分水工は今、胆沢川から農業用水を公平に分配し、田園地帯の融和の要となっている。

日本最大級を誇る
直径24メートルの円筒分水工

　岩手県の南部に位置する胆沢平野は、胆沢川によって形成された扇状地であり、日本有数の広大な田園地帯として名高い。「エグネ」と呼ばれる屋敷林に囲まれた家屋が水田地帯に点在する散居村（さんきょそん）の風景は幽玄で、富山県の砺波平野、島根県の出雲平野と並び、日本三大散居集落の一つに数えられる。

　集落というより農家が散在する胆沢平野の宿命はともすると不公平になる水利であった。これを打開し、農業用水を公平に分配するために建設されたのが円筒分水工である。昭和26（1951）年から昭和39（1964）年にかけて実施された国営胆沢川農業水利事業の一環として昭和32（1957）年度に完成した。逆サイフォンの原理

岩手県奥州市　胆沢平野・円筒分水工

を利用した全周越流式で、水の流入量の変化が一目瞭然で分かる工夫が施され、常に一定の比率で分水する。

施設が老朽化したことから平成7（1995）年度に改修され、一回り大きくなった。現在の分水槽の直径は24メートル、流量は毎秒16立方メートルで、農業用施設の円筒分水工としては日本最大級を誇る。

近接する二つの堰が水争いの原因に

円筒分水工は、胆沢平野の二大幹線水路で、いずれも胆沢川から取水する「茂井羅堰（しげいらぜき）」と「寿安堰（じゅあんぜき）」との距離が2キロメートルに満たないほど近く、水争いが長年絶えなかったことから、二つの堰に水を公平に分配するために設置された。

茂井羅堰は元亀年間（1570〜1572年）に北郷茂井羅が開削し、寿安堰は元和4（1618）年、仙台藩主伊達政宗の命を受けて後藤寿庵が開削したと伝わる。

円筒分水工が設置されている徳水園には胆沢平野を開拓した先駆者の功績を讃えた石碑がある。隣接する水の歴史公園は子どもたちの学びや遊びの場として親子連れで賑わっている。

江戸時代に形造られた散居村も残っている

DATA 鉄道：JR水沢駅から車で20分
車：東北自動車道水沢ICから車で20分

◆胆沢平野・円筒分水工と合わせて行きたい！オススメ周辺情報

桜の回廊（さくらかいろう）

600本のソメイヨシノは圧巻

国道397号線沿いに約7キロ続く桜並木。「水の郷さくらまつり」が4月に開催され、ライトアップされた約600本のソメイヨシノを眺められ、一日中見物客で賑わう桜の名所。

DATA ☎0197-46-0360（胆沢まるごと案内所）　営要確認　所岩手県奥州市胆沢区若柳地内　交東北自動車道水沢ICから車で25分　MAP P25

農家レストランまだ来すた（のうかレストランまだきすた）

ぬか窯で炊いたごはんが名物

岩手県南部の方言で「また来たよ」という意味が店名の由来。昔ながらの「ぬか釜」で炊くおこげ入りのごはんが好評。週替わりの「豆太郎セット」（1080円）はリピーターが多い。

DATA ☎0197-46-4241　営11:00〜15:30　休月曜、第1・第3日曜（1、2月は金・土・日曜営業）　所岩手県奥州市胆沢区若柳字大立目19　交東北自動車道水沢ICから車で18分　Pあり　MAP P25

焼石クアパークひめかゆ（やけいしクアパークひめかゆ）

自然に囲まれた美肌の湯

焼石連峰のふもとにある温泉宿。2つの源泉からなる湯は肌がしっとりすると有名で、旬の食材や奥州牛を使った料理にも定評がある。スキー場も近く、年間を通じて楽しめる。

DATA ☎0197-49-2006　営9:30〜21:00（入浴・プール・休憩）　休第4月曜（不定休）　料入浴・プール・休憩600円（18:00〜は500円）　所岩手県奥州市胆沢区若柳字天沢52番地7　交東北自動車水沢ICから車で30分　Pあり　MAP P191 A-4

宮城県大崎市

おおぜきうちかわ
大堰内川 🍁

仙台藩62万石の基礎を築いた若き伊達政宗の地域戦略

仙台藩初代藩主の伊達政宗は、岩出山に本拠を移すや城下町づくりに着手している。当時、江合川から引いた水は城を守り、農地一帯に豊穣をもたらした。

満々と流れる水が
城の防備とかんがいとを兼ねた

　大堰内川は宮城県北部を流れる農業用水路である。江合川に設けられた大堰頭首工と呼ばれる堰より取水し、大崎市岩出山の中心部を貫流して大崎耕土（大崎平野）約3300ヘクタールを潤している。

　この水路は今から約430年前の天正19（1591）年、弱冠24歳の伊達政宗が米沢城から岩出山に移った時に開削させた用水路である。政宗は岩出山城の麓に城下町を築き、城の防備と地域一帯のかんがいとを兼ねた幅11.8メートル、深さ2.4メートルの堀を掘って江合川の水を引いた。さらに外側に「一ノ構」という外堀を作って城と城下の守りをより強固にした際、外堀の内側を流れている水路を「内川」と名付け

疏水

宮城県大崎市 大堰内川

大改修により市街地を流れ、のどかで美しい景観を演出する内川

た。

内川は軍事上の理由もあり常に満々と水が流れ、農業用水路としても利用されることで流域では米が大量に生産できるようになり、伊達藩の経済基盤を支えた。政宗が慶長8（1603）年に仙台城に移り、新田開発や河川改修が本格化してからも大崎耕土でとれる米は仙台藩62万石の屋台骨を支えた。

潤い、憩い、安らぎの親水空間を創出

平成3（1991）年から、内川では大改修が行なわれた。天然石による石積み護岸や川沿いの樹木の保存など、水路が持つ自然的、歴史的価値に配慮した整備が進められたことにより、市街地に美しい環境と景観がもたらされている。郷学「有備館」の庭園にも内川の水が引き込まれており、潤いある風情を醸し出している。有備館裏から内川に沿う遊歩道「学問の道」も整備され、憩いのスポットとなった。訪ねるなら夏である。遊歩道沿いの緑を眺め、内川のせせらぎを感じながら散歩すると、こころ安らぐ親水空間が味わえる。平成28（2016）年に内川は「世界かんがい施設遺産」に登録されている。

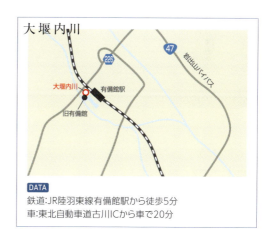

DATA
鉄道：JR陸羽東線有備館駅から徒歩5分
車：東北自動車道古川ICから車で20分

◆ 大堰内川と合わせて行きたい！オススメ周辺情報

農産物直売所 グリーンアップ

農家直送の新鮮な野菜が並ぶ
地元の野菜や特産品、漬物などが並ぶ直売所。岩出山名物の「凍み豆腐」や「かりんとう」など品揃えも豊富。店員さんがおいしい食べ方や調理法も親切に教えてくれるのもうれしい。
DATA ☎0229-72-2612 営10:00～18:00（冬は～17:00）休日曜 所宮城県大崎市岩出山字東川原44-2 交東北自動車道古川ICから車で15分 Pあり MAP P191 A-4

旧有備館および庭園

震災を乗り越えた旧有備館
岩出山伊達家2代宗敏の隠居所として建てられ、その後、家臣の子弟を教育する郷学としても使用された。庭園も美しく、9月の「有備館まつり」では夜間の見学もできる。
DATA ☎0229-72-1344 営9:00～17:00 休月曜 料300円 所宮城県大崎市岩出山字上川原町6番地 交JR陸羽東線有備館駅から徒歩すぐ Pあり MAP P27

日本こけし館

全国の伝統こけし約5000本を展示
こけし専門の展示施設。こけし研究家・深沢要氏のコレクションを中心に、全国の伝統こけしを多数展示している。「絵付け体験」(1080円)で作るオリジナルこけしはおみやげに最適。
DATA ☎0229-83-3600 営8:30～17:00 休冬期閉館（1月1日～3月31日）料320円 所宮城県大崎市鳴子温泉字尿前74-2 交東北自動車道古川ICから車で40分 Pあり MAP P191 A-4

秋田県大仙市
たざわそすい
田沢疏水

国内有数の米どころを潤す 苦難の末に完成した疏水

田沢疏水は秋田藩主、佐竹義厚による藩政時代の開削以来、洪水被害や毒水など幾多の苦難を乗り越えて今日がある。豊富な水が約3890ヘクタールに及ぶ秋田県最大の穀倉地帯に実りをもたらしている。

大洪水に強酸性水……
幾多の苦難を乗り越えて

　田沢疏水は秋田県南東部の仙北市、大仙市、仙北郡美郷町の2市1町にまたがる疏水。その歴史は古く、文政8（1825）年に秋田藩主・佐竹義厚が水源を玉川に求めて、奥羽山麓一帯の山林原野の新田開発を目途に、約28キロメートルの用水路を開削したことが始まりとされる。

　しかし、開削された「御堰（おせき）」は安政元（1854）年の大洪水により、ほぼ使用不能に陥った。その後も度重なる洪水や、源流の渋黒川から流れ込む玉川温泉の強酸性水、いわゆる「毒水」といった幾多の苦難や問題を経て、昭和38（1963）年にようやく現在の田沢疏水が完成した。

　田沢疏水の建設とともに、昭和15（1940）年ごろから、未開の地だった流域への入植が始まった。

秋田県大仙市　田沢疏水

前代未聞の大規模な開墾事業であったが、昭和30年代にブルドーザーが導入されるまでは人力で開墾作業が行なわれており、鍬やスコップのみで石礫や木の根を取り除く過酷なものだった。入植農家の苦労が実を結び、一帯は今もなお、米の農業産出額が秋田県内の約2割を占める、東北でも有数の米どころとなっている。

施設の近代化と親水空間の観光利用

昭和54年(1979)年には、老朽化した施設を改修する第二期国営事業が開始され、受益面積も約3890ヘクタールに拡大された。さらに、平成8(1996)年には幹線用水路の水質管理を自動化する施設が造られるなど、施設の近代化と合理化が進められている。

田沢疏水の取水地である抱返り渓谷は紅葉の名所として有名で、水面に映る吊り橋の姿にも独特の風情がある。取水口である「抱返頭首工」の後方には渓谷随一の名所「回顧(みかえり)の滝」があり、豊かな自然と一体となった田沢疏水の姿を観ることができる。平成18(2006)年、「疏水百選」に選定された。

かんがい時期には、1秒間最大12.1トンもの取水を行う抱返頭首工

遊歩道から眺められる何度も振り返って見たくなるほど美しい「回顧の滝」

田沢疏水

DATA　鉄道:JR神代駅から車で5分
車:秋田自動車道大曲ICから車で50分

◆田沢疏水と合わせて行きたい！オススメ周辺情報

秋田県立農業科学館（あきたけんりつのうぎょうかがくかん）

秋田から日本の農業を考える

農業の歴史や食と農業の関わり、先端技術など資料やジオラマを使いながら秋田の農業を分かりやすく紹介している。隣接する熱帯温室では、年間を通じて世界の珍しい植物を観察できる。

DATA　TEL 0187-68-2300　営9:30〜16:30(11〜3月は〜16:00) 休月曜 所秋田県大仙市内小友字中沢171-4 交秋田自動車道大曲ICから車で3分 Pあり MAP P29

名勝旧池田氏庭園（めいしょうきゅういけだしていえん）

造園の先駆者・長岡安平氏が設計

東北三大地主の池田氏の庭園で、近代造園の先駆者・長岡安平が設計したことで知られる。高さ4メートルを誇る大型の雪見灯籠や国指定重要文化財の洋館などが配置される。

DATA　TEL 平日0187-63-8972(大仙市生涯学習部文化財保護課)、土日・祝日0187-86-0888(大仙市観光情報センター) 営9:00〜16:00【公開期間】初夏、夏季、秋季一般公開あり(要確認) 料320円 所秋田県大仙市高梨字大嶋1 交JR大曲駅から車で10分 Pあり MAP P29

毎日大曲（まいにちおおまがり）

おいしいものが集まる憩いの場

築80余年の内蔵を改修した商店兼交流拠点施設。独自ブランドの食品や酒などを扱うほか、プロジェクターのある交流スペースや絵本コーナーがありミニイベントも開催。

DATA　TEL 0187-88-8824 営10:00〜19:00(金・土曜〜20:00) 休木曜 所秋田県大仙市大曲通町2-33 交JR大曲駅から徒歩2分 Pあり MAP P29

山形県最上郡金山町

かねやまおおぜき
金山大堰 🌸

秀峰神室山に抱かれた美しい水辺の景観

金山大堰は山形県最上郡金山町の中心部を貫くまちなかの水路だ。農業用水として開削され、現在は石積みの水路に錦鯉が泳ぐ優美な親水空間として親しまれている。

農地や宿場町を潤し町に彩りを添える水路

最上川上流の金山川から取水し、町の中心部を流れる大堰。戦国時代の末期、天正8（1580）年ごろから開削され、周辺集落の人々の営みを支えてきた。開削当初は農業用水として利用され、江戸時代になると、宿場町として栄えた金山の生活用水としても広く活用された。明治11（1878）年には、イギリスの作家イザベラ・バードがこの地を訪れ、紀行文『日本奥地紀行』の中で「ロマンチックな雰囲気の場所である」と印象を述べている。

その後、水路の老朽化が進み漏水が激しくなったため、昭和52（1977）年から7年にわたり総延長2564メートルの水路が改修された。農林水産省が取り組む農村総合整備モデル事業

疏水

山形県最上郡金山町　金山大堰

の一貫として行なわれた改修により、水路沿いには遊歩道が設けられ、水路本体も従来のコンクリート造りから雑割石を敷いた趣のあるデザインに変更されるなど、街並みとの調和を意識した自然公園的な親水空間に生まれ変わった。

毎年春に錦鯉を放流
水路沿いには桜並木

金山大堰では毎年春から秋の間、石積みの水路を鮮やかに彩る錦鯉の姿を楽しむことができる。錦鯉の放流は、昭和48（1973）年ごろに役場前の側溝で最初に行なわれ、大堰には昭和56（1981）年から放流されるようになった。米の生産調整で盛んになった錦鯉の養殖産業を振興し、水を浄化する目的もあって始まったもので、現在では町の園児たちが水路に錦鯉を放流する光景が春の風物詩となっている。

水路沿いには桜が植樹されており、春になると桜並木が町に彩りを添える。日没からライトアップされており、幻想的な親水空間がやわらかな光で照らし出される。

夕刻には金山住宅や蔵、水路など町の至るところに灯りがつき、幻想的な雰囲気に

DATA
車：主寝坂道路金山町飛ノ森ICから車で10分

◆ 金山大堰と合わせて行きたい！オススメ周辺情報

シェーネスハイム金山（かねやま）

ヨーロッパ風の滞在型ホテル

金山杉を使った天然温泉や地元グルメを提供するレストランが自慢で、入浴や食事だけの利用もOK。金山産メープルを使った「メープルソフト」（310円）は地元ファンも多い。

DATA ☎0233-52-7761 営6:00～22:00（日帰り利用）料300円（温泉ホットハウスカムロ）所山形県最上郡金山町大字有屋1400番地 交湯沢横手道路湯沢ICから車で60分 Pあり MAP P191 A-4

小マルコの蔵（くら）

商家・西田家の蔵を改装した資料館

宿場町金山の商家・西田家（屋号 小マルコ）の蔵を改築。東蔵はおみやげ品の販売や展示ギャラリー、西蔵は資料館となっている。イベントや青空市が開催され、地元客も多い。

DATA ☎0233-32-1212 営9:00～19:00（11～4月は～18:30）所山形県最上郡金山町大字金山363 交主寝坂道路金山町飛ノ森ICから車で10分 MAP P31

大美輪の大杉（おみのわ おおすぎ）

国内最大級の金山杉が並ぶ

藩政時代に植林された樹齢約300年の国内最大級の金山杉が整然と並ぶ姿は思わず息をのむ美しさ。最大樹高59メートル、幹回りの最大木約5メートルの巨大な杉は必見。

DATA ☎0233-52-2111（金山町産業課）所山形県最上郡金山町有屋大美輪 交JR新庄駅から車で30分 Pあり MAP P31

十六橋水門

福島県耶麻郡猪苗代町・郡山市
あさかそすい・いなわしろこ
安積疏水・猪苗代湖 🍁

猪苗代湖をダム化して安積原野に水を送る大事業

安積疏水は猪苗代湖の水を引いて不毛の原野を穀倉地帯に変える明治政府の一大国家プロジェクトだった。士族も協力し近代郡山発展の礎となった。

士族2000人が協力
わずか3年で完成

安積疏水は日本三大疏水(他に那須疏水と琵琶湖疏水)の一つに数えられ、猪苗代湖から取水し、郡山の安積原野を潤して阿武隈川に注ぐ用水路である。農業用水、工業用水として利用されるほか、水力発電にも使われている。

安積原野は降水量が少なく、丘陵地帯で流入する河川も少なかったため長く稲作に不適な土地であった。明治政府から招聘されて来日したオランダ人土木技師ファン・ドールンは猪苗代湖から安積原野一帯を調査し、疏水設計の監修を行なった。明治維新で生活基盤を失った士族のうち、主に全国9つの藩から2000人余りがこの地に集められ、安積開拓が始まった。安積開拓・安積疏水の開削は日本最初の国営農業水利

福島県耶麻郡猪苗代町・郡山市 **安積疏水・猪苗代湖**

事業であると同時に、困窮士族の救済事業として光彩を放った。

工事は、猪苗代湖をダム化し日本海へ流れる水の量を調整して水位を保つ「十六橋水門」の建設から始まり、次いで湖の東岸に安積方面への取水口である「山潟取入口」が造られた。さらに奥羽山脈を突き抜ける隧道や架樋など、延べ85万人の労力と総工費40万7千円（現在の約400億円相当）が投じられ、約130キロメートルに及ぶ水路が着工からわずか3年で完成した。

安積疏水の恩恵により郡山市の産業も発展

安積疏水は原野を豊かな穀倉地帯に変えたばかりか、猪苗代湖との高低差を利用した発電も行なわれ、電気を必要とする紡績会社などが相次いで産声をあげた。郡山市は戦後もいち早い復興を遂げ、新産業都市、中核市としてめざましい発展をみせた。明治の初期、人口5000人程度であった郡山は平成29（2017）年現在、約33万5000人を数える福島県一の商都となった。この変貌もまた安積疏水の水の恩恵による。

四季折々の磐梯山を湖面に映し、別名「天鏡湖」とも呼ばれている猪苗代湖

DATA 鉄道：JR猪苗代駅から車で15分
車：猪苗代磐梯高原ICから車で15分

◆ 安積疏水・猪苗代湖と合わせて行きたい！オススメ周辺情報

野口英世記念館（のぐちひでよきねんかん）

野口英世の生涯を伝える

猪苗代町出身の細菌学者・野口英世の偉業を称える記念館。身のまわり品や書籍、参考品などが展示され、生い立ちや功績を学べる。当時のまま保存されている「生家」もある。

DATA ☎0242-65-2319 営9:00～17:30（11～3月は～16:30）料600円 所福島県耶麻郡猪苗代町大字三ツ和字前田81 交磐越自動車道・猪苗代磐梯高原ICから車で5分 Pあり MAP P33

道の駅猪苗代（みちのえきいなわしろ）

会津の食を満喫できる

平成28（2016）年にオープンしたカフェタイプの道の駅で、地元産の米や野菜、民芸品などを販売。会津牛のハンバーグやステーキ、コロッケなどが味わえるレストランも話題となっている。

DATA ☎0242-36-7676 営9:00～18:00 所福島県耶麻郡猪苗代町大字堅田字五百苅1番地 交磐越自動車道猪苗代磐梯高原ICから車ですぐ Pあり MAP P33

農家レストラン結（のうかれすとらんゆい）

いなわしろブランドを味わえる

集落営農組織が運営するレストラン。地元産のブランド米「いなわしろ天のつぶ」のお膳やブランドそば「いなわしろ天の香」（各1480円）などご当地産に徹底してこだわっている。

DATA ☎0242-23-7747 営11:00～14:00 休火曜 所福島県耶麻郡猪苗代町字新村北93 交磐越自動車道猪苗代磐梯高原ICから車で10分 Pあり MAP P191 A-4

茨城県水戸市

備前堀（びぜんぼり）

治水と利水を兼ね備えた用水
水辺の風景が市民に愛される

備前堀は水戸城の天然の堀となっていた湖の溢水を防ぎ、水不足の解消も目途に開削された。その水辺は今、水戸を代表する景観として親しまれている。

千波湖（せんばこ）の氾濫防ぎ
水田を潤す役割も

　備前堀は水戸市内を流れる延長12キロメートルの農業用水である。桜川に架かる柳提橋（りゅうていばし）付近にある柳提水門から取水した水が、国道51号線沿いを流れ、涸沼川（ひぬまがわ）に注ぐように堀が造られている。

　慶長15（1610）年に徳川家康の十一男で水戸藩初代藩主の徳川頼房（よりふさ）公が、幕府の関東郡代を務めていた伊奈備前守忠次（いなびぜんのかみただつぐ）に命じて造らせたことから「備前堀」と呼ばれている。

　上流には大雨のたびに氾濫する千波湖があり、用水は氾濫を防ぐとともに、水不足に悩まされていた地域に水の恵みを導くことを目的に造られた。現在も酒門や浜田、常澄の水田を潤して

いる。

当初は千波湖から直接取水していたが、大正から昭和にかけて千波湖の約3分の2が干拓されると、桜川から取水するようになった。

歴史ロードとして整備
新水戸八景の一つに

備前堀をはさむ石畳の側道は「歴史ロード」として整備されている。堀の水を利用していた染物屋が建っていたり、伊奈備前守忠次を祀った神社が建っていたりと、情緒豊かな風情が色濃く漂い、ドラマのロケ地に選ばれたこともある。

備前堀が生んだ親水景観は、日本三名園の一つに数えられる偕楽園や水戸藩の藩校として天保12（1841）年に創設された弘道館などとともに、水戸市を代表する景観であり、平成8（1996）年に市民投票で選ばれた新水戸八景の一つにも選出されている。

例年8月16日には、備前堀の銷魂橋（たまげばし）から三又橋までの区間で、先祖の御霊を供養する灯篭流しが行なわれており、参加者の思いをのせた多くの灯篭が備前堀の水面を幻想的に彩る。

疏水　茨城県水戸市　備前堀

道明橋には、伊奈備前守忠次の功績を讃えて造られた銅像が用水を見守っている

DATA バス:JR水戸駅から本町経由で本町一丁目バス停下車 車:東水戸道路水戸大洗ICから車で20分

◆ 備前堀と合わせて行きたい！オススメ周辺情報

水戸市森林公園（みとししんりんこうえん）

親子連れで賑わう憩いの空間

湧水やため池など自然に恵まれ、巨大な恐竜のオブジェが目を引く。園内の「森のシェーブル館」ではさまざまな乳製品を販売しており、「レアチーズタルト」（220円）は売切必至。

DATA ☎029-252-7500 営6:00～19:00（10月～3月末まで8:30～17:15）所茨城県水戸市木葉下町588-1 交常磐自動車道水戸ICから車で10分 Pあり MAP P190 B-2

常磐神社（ときわじんじゃ）

水戸黄門を祀る神社

水戸藩の2代藩主徳川光圀公と9代藩主徳川斉昭公を祀る神社。文武両道のご利益があるとされ、訪れる人が後を絶たない。義烈館には水戸藩の貴重な歴史資料が展示されている。

DATA ☎029-221-0748 営義烈館9:30～15:30 料義烈館300円 所茨城県水戸市常磐町1-3-1 交常磐自動車道水戸ICから20分 P20分100円～（常磐神社駐車場）MAP P190 B-2

笠原水源（かさはらすいげん）

地元民が通う水汲み場

徳川光圀公が徳川頼房公の遺志を継ぎ、水戸下町の給水難を解消するために造った水源地。日本でも珍しい岩樋を使った水路工事が有名で、復元された岩樋が展示されている。

DATA ☎029-231-4115（水戸市水道総務課）所茨城県水戸市笠原町993-1外 交北関東自動車道水戸南ICから車で15分 MAP P190 B-2

茨城県つくばみらい市

ふくおかぜき
福岡堰

桜並木が彩りを添える
関東三大堰に数えられる堰

利根川の下流域は多くの川が流れ込む氾濫常襲地帯だった。そんな不毛の土地の一つ「常陸谷原」に堰を築いて水路を引き、新田開発に生涯を捧げた男がいた。

作物がつくれない湿地帯を
山田沼堰が水田に変えた

　福岡堰は、つくばみらい市福岡地区の小貝川に設けられた堰である。この堰から取水される農業用水は、つくばみらい市、常総市、取手市にまたがる約3000ヘクタールの農地に実りをもたらしている。小貝川には福岡堰の下流に岡堰、豊田堰があり、関東三大堰と呼ばれている。

　この地域は江戸時代の初めまで、小貝川と鬼怒川が合流して流れ込んでいたため洪水が頻繁に起こり、作物がつくれない低湿地帯であった。やがて、人口増加による食糧難から食米の増産が急務となったのに伴い、幕府や各藩は盛んに新田開発を奨励した。寛永2(1625)年、常陸谷原(ひたちやわら)3万石の新田開発が計画されると、当時の関東郡代・伊奈忠治は小貝川と鬼怒

川を分離する工事を行ない、新しい川を造って鬼怒川が直接利根川に流れ込むようにした。その際、小貝川に築かれた堰は「山田沼堰」と呼ばれ、水がよく行き渡った一帯は見事な水田に変わった。これが現在の福岡堰の前身である。

地域から尊崇された伊奈忠治 春には福岡堰さくらまつりも

それから約100年後の享保7(1722)年に山田沼堰をやや下流の福岡地区に移すことになり、この工事によって新たに造られた堰が現在の福岡堰につながっている。

伊奈忠治は岡堰、豊田堰、利根川の流路変更などにも挑み、不毛の湿地帯を美田に変えた。地域の人々は昭和16(1941)年、谷原開発の祖、伊奈忠治を祭神として祀り、福岡地区に伊奈神社を創建している。

福岡堰は茨城県内でも有名な桜の名所になっている。小貝川と堰から流れる用水との間の堤には約600本の桜の木が1.8キロメートルにわたって植えられ、春は息を飲む絶景が楽しめる。付近一帯は「茨城観光100選」に選定されており、毎年、桜の開花に合わせ「福岡堰さくらまつり」が賑やかに開催されている。

疏水

茨城県つくばみらい市　福岡堰

小貝川沿いの桜並木や周辺の福岡堰さくら公園は花見の絶好スポット

DATA 鉄道：つくばエクスプレスみどりの駅から車で9分　車：常磐自動車道谷田部ICから車で20分

◆ 福岡堰と合わせて行きたい！オススメ周辺情報

岡堰（おかぜき）

旧堰を残す関東三大堰の一つ

寛永7(1630)年に小貝川に造られた堰。谷原三万石や相馬二万石と呼ばれる水田に給水した歴史がある。今も旧堰が残っており、「茨城観光100選」にも選定されている。

DATA ☎0297-73-2010(取手市教育総務課埋蔵文化財センター)　所茨城県取手市岡　交常磐自動車道谷田部ICから車で25分　MAP P190 B-3

小貝川サイクリングロード（こかいがわ）

小貝川沿いの名所を巡る

小貝川沿いの全長約30キロの自転車専用道路。沿道には桜の名所の福岡堰や岡堰、間宮林蔵記念館などがあり、サイクリングを楽しみながら気ままに周辺スポットを散策できる。

DATA ☎0297-58-2111(つくばみらい市観光協会)　所茨城県取手市小文間〜つくばみらい市北山2633-7　交常磐自動車道谷和原ICから車で15分　Pあり　MAP P37

JA茨城みなみ農産物直売所みらいっ娘（いばらき のうさんぶつちょくばいじょ こ）

スーパーにない逸品が並ぶ

「安全・安心」「地場産」にこだわった新鮮な野菜や米、加工品などを販売。市の認証特産品「みらいプレミアム」に認定されている商品の品揃えも充実している。

DATA ☎0297-52-2020　営9:30〜18:00(11〜1月は〜17:30)　休水曜　所茨城県つくばみらい市上小目223-2　交常磐自動車道谷和原ICから車で4分　Pあり　MAP P190 B-3

栃木県那須塩原市

なすそすいきゅうしゅすいしせつ
那須疏水旧取水施設

明治期の貴重な土木遺跡が残る那須野が原開拓のシンボル

不毛の原野、那須野が原を潤す水路は日本三大疏水の一つ。建築当時の状態をよく残す旧取水施設は、近代における大規模水利施設の息吹きを今に伝える。

たった5カ月の工期で16.4キロの水路が完成

明治18（1885）年に内務省の直轄事業として開削された那須疏水は、水利が悪く、不毛の原野とされた栃木県北部の広大な複合扇状地、那須野が原にとって命綱とも呼べる農業用、飲用の水路である。

完成した本幹水路は約16.4キロメートルで、たった5カ月という驚異的な工期で姿を現した。現在では幹線用、支線用を合わせて水路の総延長は200キロメートルを超えており、琵琶湖疏水（滋賀県・京都府）、安積疏水（福島県）と並んで日本三大疏水の一つに数えられる。

疏水

栃木県那須塩原市 那須疏水旧取水施設

国の重要文化財に東西の隧道が追加指定

旧取水施設は那須岳山麓を水源とする那珂川（なかがわ）の上流にある。明治18（1885）年と同38（1905）年にそれぞれ築かれた隧道の坑門に造られた東水門と西水門、同38年に建設された導水路と余水路で構成されている。

那須野が原開拓のシンボルとされる土木遺跡で、石積みで築造したアーチ形状の開口部が特徴的な東水門など、建築当時の状態をよく残している。近代における大規模水利施設の取水システムの構成を知る上で高い価値があり、平成18（2006）年、国の重要文化財に指定されている。その後、東水門・西水門から延びる東西の隧道が、平成29（2017）年に追加指定されている。東隧道は断面が変形5角形で、西隧道は石積みの壁にアーチ状の天井が架かっており、旧取水施設の一連の施設としての価値が高いと評価された。

平成12（2000）年には河川敷が「那須疏水公園」として整備され、旧取水施設を見学して開拓の歴史を感じながら、那珂川の清らかな水の流れや那須連山の雄大な景色を楽しめるスポットとなっている。

国の重要文化財に指定される石積みの東水門は、その姿から長い歴史が伝わる

東水門と西水門から延びる東西の隧道も、建築当初の状態がよく残されている

DATA 鉄道：JR那須塩原駅から車で22分
車：東北自動車道黒磯板室ICから車で15分

◆那須疏水旧取水施設と合わせて行きたい！オススメ周辺情報

道の駅「明治の森・黒磯」（みちえき めいじ もり くろいそ）

旧青木家那須別邸を見学できる

新鮮な地場特産品の直売所。森の奥にある青木周蔵子爵ゆかりの旧青木家那須別邸（国重要文化財）は見学OK。ヒマワリやコスモスが咲き誇るハンナガーデンは記念撮影の人気スポット。

DATA ☎0287-63-0399 営道の駅8:30〜17:30（11〜2月は〜16:30）休月曜 所栃木県那須塩原市青木27番地 交東北自動車道黒磯板室ICから車で10分 Pあり MAP P39

板室温泉（いたむろおんせん）

現代アートを楽しめる温泉地

那須七湯の一つで、温泉の効能から保養の場として「下野の薬湯」と呼ばれている。現代アート作家の作品を展示し、モダンアートを楽しめる温泉としても注目を集めている。

DATA ☎0287-62-7155（黒磯観光協会）所栃木県那須塩原市板室 交東北自動車道黒磯板室ICから車で20分 Pあり MAP P190 B-2

塩原温泉郷（しおばらおんせんきょう）

6種類の温泉を満喫できる

開湯1200年の歴史ある温泉。10種類ある温泉の泉質のうち6種類が揃う珍しい温泉地として知られる。尾崎紅葉や夏目漱石など多くの文豪が訪れている。

DATA ☎0287-32-4000（塩原温泉観光協会）所栃木県那須塩原市塩原 交東北自動車道西那須野塩原ICから車で30分 MAP P190 B-2

群馬県甘楽郡甘楽町

雄川堰(おがわぜき) 🍁

藩政時代には御用水奉行(ごようみずぶぎょう)が管理
今も名勝「楽山園(らくさんえん)」に注ぐ

雄川堰は寛永19(1642)年に小幡藩3代藩主となった織田信昌の時代に現在の形になったとされ、約370年の歳月が流れた今も利用されている。

約370年前に現在の形に

　雄川堰は稲含山(いなふくみやま)から流れ出る雄川に造られた堰である。古くから地域住民の生活用水や非常用水、下流の水田のかんがい用水として、幅広く利用されてきた。

　慶長20(1615)年、織田信長の次男信雄は甘楽町小幡(かんらまちおばた)に2万石の所領を与えられた。小幡藩3代藩主の織田信昌(のぶまさ)が陣屋を築いたおよそ370年前に、現在の形になったと推定されている。

　雄川堰は中核をなす高さ約7メートルの「大堰(おおぜき)」と、この大堰から取水した「小堰(こぜき)」によって形成されている。大堰には一番口、二番口、三番口と呼ばれる3カ所の取水口が設けられ、小堰に分流する。取水口は

疏水

群馬県甘楽郡甘楽町　雄川堰

城下町小幡さくら祭りでは「武者行列」が行なわれる

それぞれ一升枡、五合枡、三合枡の大きさに造られ、各武家屋敷に水が均等に行き渡るよう工夫されている。

一番口の小堰は途中で二つに分かれ、一方は旧小幡藩武家屋敷の松浦氏屋敷に、もう一方は信雄が作庭した池泉回遊式庭園で国の名勝に指定されている「楽山園」の昆明池に注いでいる。

小堰の4割は「空石積み（からいし）」

小幡藩3代藩主の織田信昌は小堰を厳重に管理するため御用水奉行を置いている。この史実からも、いかにこの堰が飲料水、生活用水を確保するために重要な役割を果たしていたかが分かる。

現在の雄川堰は平成2（1990）年から同11（1999）年にかけて整備され、小堰の総延長6109メートルの中には藩政時代の形状である「空石積み」の区間が約4割も残されている。

用水路を流れる清らかな水と貴重な歴史遺産としての価値が評価され、これまでに日本名水百選（環境庁）、水の郷百選（国土庁）、疏水百選（農林水産省）、土木学会選奨土木遺産に選ばれたほか、平成26（2014）年には世界かんがい施設遺産にも認定されている。

DATA
鉄道：上州福島駅から車で5分
車：上信越自動車道富岡ICから車で10分

◆ 雄川堰と合わせて行きたい！オススメ周辺情報

道の駅甘楽（みちのえきかんら）

姉妹都市の珍しいワインを揃える

野菜や果物、こんにゃくなど農産品を販売。姉妹都市のイタリア・チェルタルドから直輸入する珍しいワインが揃い、ワイン通も注目のスポット。石窯で焼き上げる本格ピザもおすすめ。

DATA TEL 0274-74-5445 営9:00～18:00 休1月1日 所群馬県甘楽郡甘楽町大字小幡444-1 交上信越自動車道富岡ICから車で10分 Pあり MAP P41

甘楽ふるさと館（かんらかん）

農村の暮らしを体感できる

りんご狩りやマスのつかみ取り、こんにゃく作りなどさまざまな農村体験が楽しめる宿泊施設。雄川が流れる緑ゆたかな甘楽総合公園に隣接し、周囲の景観も気分を高めてくれる。

DATA TEL 0274-74-2660 所群馬県甘楽郡甘楽町大字小幡2014-1 交上信越自動車道富岡ICから車で10分 Pあり MAP P41

こんにゃくパーク

無料バイキングで大盛り上がり

こんにゃくの工場見学や手作り体験ができる。こんにゃく料理をお腹いっぱい楽しめる無料バイキングや「こんにゃく詰め放題」（500円）が幅広い層に喜ばれている。

DATA TEL 0274-60-4100 営9:00～18:00 所群馬県甘楽郡甘楽町小幡204-1 交上信越自動車道富岡ICから車で10分 Pあり MAP P41

群馬県前橋市
広瀬川
ひろせがわ

もとは坂東太郎、利根川の本流跡
前橋を発展に導いた用水路

群馬県庁がある前橋市は、利根川の氾濫跡に造られた広瀬川によって発展した町である。たった一筋の水路がさまざまに活用されて県都の今日がある。

農業用水のみならず
江戸とつなぐ舟運も

「坂東太郎」の異名をとる利根川は、かつては大洪水が起こるたびに流路を変えていた。前橋市付近では、現在の広瀬川、桃ノ木川の川筋が利根川本流であったが、応永34（1427）年と天文8（1539）年、同12（1543）年に大氾濫を起こし、この12年の氾濫で完全に流路が変わったとされている。これにより出現した茫漠とした氾濫原を耕地に変えるため、現在の坂東橋付近に堰を設け、旧河道を利用して用水としたのが広瀬川用水の始まりである。

当初、堰と用水は当地を治めた代々の領主たちが管理し、流域の低地を耕地へと変えていった。慶長6（1601）年に酒井重忠が前橋藩主になると、広瀬川は農業用水だけでなく、城や城

疎水

群馬県前橋市 広瀬川

下の生活用水、防火用水としても利用された。正保2（1645）年には利根川、広瀬川を上って江戸から物資を運ぶ舟運が始まり、前橋市街地には河岸が開設された。このようにして広瀬川は流域一帯を穀倉地帯と産業の集積地に変え、明治、大正時代には発電、製糸、上水道、養魚などにも活用されて前橋の近代化に貢献した。

前橋市のシンボル
萩原朔太郎も詩に詠んだ川

　前橋市の市街地においては、広瀬川の流れにしだれ柳が映える河畔の情緒ある風景が市民に親しまれている。幼い頃からよくこの川辺に遊んだ大正期の詩人萩原朔太郎は、過ぎ去った日々を広瀬川に投影してこんな詩を詠んでいる。

広瀬川白く流れたり／時さればみな幻想は消えゆかん。／
われの生涯を釣らんとして／過去の日川辺に糸をたれしが／ああかの幸福は遠きにすぎさり／ちひさき魚は眼にもとまらず。

朔太郎がこよなく愛した広瀬川畔の遊歩道には郷土が輩出した文人たちの詩碑もあり、滔々と流れる清流は「水と緑と詩のまち」前橋市のシンボルとなっている。

川岸にはアジサイやしだれ柳が植栽され、四季を通じてとても風情がある

DATA
鉄道：JR両毛線前橋駅から徒歩15分
車：関越自動車道前橋ICより15分

◆広瀬川と合わせて行きたい！オススメ周辺情報

前橋文学館（まえばしぶんがくかん）

郷土ゆかりの詩人の世界に浸る

前橋市出身で日本近代詩の父と呼ばれた萩原朔太郎を筆頭に、平井晩村や高橋元吉ら前橋ゆかりの詩人の直筆原稿や写真などを展示。萩原朔太郎記念館も近く、見学するにも便利。

DATA ☎027-235-8011　営9:00～17:00（入館は16:30まで）　休水曜　料常設100円（高校生以下無料）　所群馬県前橋市千代田町三丁目12-10　交関越自動車道前橋ICから車で15分　MAP P43

弁天通り商店街（べんてんどおりしょうてんがい）

昭和の趣きある景色が広がる

約220メートルの昭和レトロな面影を残す商店街で、映画やドラマの撮影がよく行なわれている。江戸時代創業のお祭り用品店「マメゼン」など情緒豊かな店舗が立ち並ぶ。

DATA ☎027-260-6547（前橋中心商店街協同組合）　所群馬県前橋市千代田町3　交JR前橋駅北口から徒歩で12分　MAP P43

大規模養蚕農家群（だいきぼようさんのうかぐん）

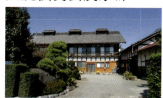

特色ある養蚕を営む家屋が残る

前橋市の総社町山王地区には、「樫ぐね」と呼ばれる高さ10メートルほどの防風林を持つ養蚕農家が集積している。この地の蚕糸業が明治から昭和初期まで日本経済の発展を支えた。

DATA 所群馬県前橋市総社町山王地区　MAP P43

埼玉県さいたま市
みぬまだいようすい・みぬまつうせんぼり
見沼代用水・見沼通船堀 🍁

高い土木技術で造られた 武蔵の国の農業を支えた大動脈

利根川から水を引き1万2000ヘクタールもの農地を潤す見沼代用水は、芝川につながる運河、見沼通船堀とも連動して、埼玉の農業の大動脈として地域を発展させた。

利根川の水を引く用水と 江戸へ米を運ぶ運河

享保12（1727）年、八代将軍・徳川吉宗の命を受けた紀州出身の井沢弥惣兵衛為永は、現在のさいたま市にあった見沼溜井を干拓し、この沼の代わりとなる水源を利根川に求め、享保13（1728）年に全長60キロメートルの水路を完成させた。これが現在の見沼代用水である。かんがい面積は約1万2000ヘクタールに及び、江戸の食糧庫でもあった武蔵の国の農業の大動脈として、開発当時から地域の営みを支えている。

享保16（1731）年には、この地でとれた米を江戸に運ぶため、東西の見沼代用水とその中央を流れる芝川を結ぶ運河として、全長約1キロメートルの「見沼通船堀」が造られた。見沼通船堀は東西それぞれ2カ所に木製の関を設け、水

疏水

埼玉県さいたま市　見沼代用水・見沼通船堀

位を調整することで、3メートルの水位差がある芝川と見沼代用水の間の船の運航を可能にした江戸時代中期の極めて古い閘門（こうもん）式運河である。同じ原理で造られたパナマ運河より180年以上前に完成しており、当時の日本の土木技術の高さをうかがわせる。昭和初期に船の運航が終了したが、近世の土木技術、流通経済を考える上で貴重なものであり、昭和57（1982）年に国の史跡に指定された。見沼代用水の開発には「紀州流」と呼ばれる技術が用いられた。紀州流は河川の蛇行をできるだけ直線化し、堤防を連続的に設け、用水と排水の分離を基本とした技術である。

れ、春になると見事な桜回廊が現れる。毎年8月下旬には国指定史跡である見沼通船堀で閘門開閉の実演イベントを開催(現在は工事のため休止中)。市指定無形民俗文化財「見沼通船舟歌」と歌に合わせた踊りも披露され、用水とともに生きた人々の息遣いを今に伝えている。

見沼代用水沿いには桜の回廊もあり、人気の散歩コースに

用水沿いに桜が咲き誇る自然豊かな水辺空間

現在、見沼代用水周辺には遊歩道やサイクリングロードが整備されている。斜面林や芝川、加田屋川などと一体になった独自の景観を形成しており、「歴史の道100選」や「美しい日本の歩きたくなるみち500選」に選定されている。

用水沿いの並木道は桜の名所としても知ら

DATA
鉄道:JR東浦和駅から徒歩8分

◆ 見沼代用水・見沼通船堀と合わせて行きたい！オススメ周辺情報

旧坂東家住宅見沼くらしっく館
（きゅうばんどうけじゅうたくみぬま　かん）

坂東家を復元した野外博物館

加田屋新田を開発した商人・坂東家の旧邸をほぼ同位置に復元した施設。当時の農家の環境を再現し、「生きている農家」をテーマに季節ごとに体験イベントや展示を行なっている。

DATA ☎048-688-3330　営9:00〜16:30　休月曜　所埼玉県さいたま市見沼区片柳1266-2　交国際興業バス三崎台バス停下車すぐ　MAP P190 B-3

鈴木家住宅
（すずきけじゅうたく）

見沼通船堀で重責を担った

見沼通船堀で各船に対する積荷や船頭の割り振りなど船割り業務をしていた。現在、附属建物のみ公開。

DATA ☎048-829-1723（さいたま市文化財保護課）　営10:00〜16:00（土曜、日曜のみ）　所埼玉県さいたま市緑区大間木　交JR東浦和駅から徒歩8分　MAP P45

木曽呂の富士塚
（きぞろ　ふじづか）

現存する県内最古の富士塚

寛政12（1800）年に富士講の一派・丸参講によって造られた現存する埼玉県内最古の富士塚。誰でも富士登山できるように富士山を模して土を盛って造られた塚で、頂上に火口も設けられている。

DATA ☎048-222-1061（川口市立文化財センター）　所埼玉県川口市東内野594　交JR東浦和駅から徒歩20分　MAP P45

埼玉県草加市

かさいようすい
葛西用水 🍁

「関東流」の治水技術を駆使
徳川家康の命を受け伊奈忠次が整備

水の流れを受け入れ、利用する「関東流」の治水技術が駆使された葛西用水。江戸時代に新田開発の原動力となった流れは、昭和の高度経済成長期以降は都市用水としても活用されている。

利根川の旧流路を活かし
調節池も築造

　葛西用水は埼玉県東部、約7900ヘクタールの水田をかんがいする農業用水だ。行田市の利根大堰から取水し、越谷市や八潮市を経て東京都足立区へと流れている。
　文禄2（1593）年に徳川家康が伊奈備前守忠次に命じて治水のため利根川を改修した後、利根川の旧流路を一部活用するなどして整備された。その後も農地の開発に合わせて水路の延長や取水口の遷移を重ね、享保4（1719）年に完成。用水によってもたらされる石高は13万3000石にも及んだ。
　葛西用水の築造に用いられたのが、伊奈氏が得意とする「関東流」と呼ばれる技術である。その特徴の一つは「溜井（ためい）」で、上流の排

埼玉県草加市　葛西用水

護岸や遊歩道の整備が進み、安心・安全で近代的な親水空間となっている

水を下流の用水に使うための調節池として使われた。今でも琵琶溜井、松伏（まつぶし）溜井、瓦曾根（かわらそね）溜井が残されている。

治水だけでなく肥沃な土壌の蓄積も

この溜井のほか、あらかじめ堤防に切れ目を入れて水を逃がす「霞提（かすみてい）」や堤防の一部を低くして大雨の際に河川をあふれさせる「乗越提」を活用している点も関東流の技術の特徴と言える。

こうした仕組みは治水だけでなく、上流の山林で形成された肥沃な土壌を、洪水の際に巧みに堆積させて、新田開発に役立てる機能も担っていた。

その後、昭和30年代の高度経済成長期以降は、都市化が進行して水田は減少したものの、一方、都市用水（上水・工業用水）の需要が増加し、地下水汲み上げによる地盤沈下が激しくなったため、補完水源として、昭和43（1968）年度から葛西用水の一部を都市用水に転用する事業が進められた。

春は両岸に植えられた約450本の桜が花開き、毎年恒例の「草加さくら祭り」の期間中には和舟に乗って、用水から桜並木を眺める楽しみもある。

DATA
バス：東武バス稲荷五丁目バス停下車徒歩5分
車：首都高速6号三郷線八潮出入口から車で5分

◆ 葛西用水と合わせて行きたい！オススメ周辺情報

草加松原（そうかまつばら）

江戸時代の松並木の姿を残す

平成26(2014)年3月18日、「おくのほそ道」の風景地の一群として国の名勝に指定された。綾瀬川沿いの遊歩道には東京スカイツリーの高さにちなんだ634本の松が並び、今も往時の雰囲気を味わえる。

DATA ☎048-922-1994（みどり公園課計画・事業係）所埼玉県草加市神明2 交東武スカイツリーライン獨協大学前〈草加松原〉駅から徒歩5分 MAP P47

伝統産業展示室 ぱりっせ（でんとうさんぎょうてんじしつ）

草加の伝統産業を身近に感じる

草加市の三大地場産業製品（せんべい、皮革、ゆかた染め）の展示や販売をする。せんべいの手焼き体験やレザークラフト体験などを通して誰でも気軽に草加の伝統産業に親しめる。

DATA ☎048-931-1970 営10:00～18:00 休第1水曜 所埼玉県草加市松江1-1-5 交東武スカイツリーライン獨協大学前〈草加松原〉駅から徒歩5分 Pあり MAP P47

草加宿神明庵（そうかしゅくしんめいあん）

古き良き日本宿の情緒が漂う

江戸時代末期の町屋建築「久野家（大津屋）」を改修・保存した無料休憩所。1階は観光案内所とお休み処、2階はギャラリーを備え、地域密着のイベントも盛んで交流の場ともなっている。

DATA ☎048-948-6882 営11:00～16:00 休月曜 料無料 所埼玉県草加市神明1-6-14 交東武スカイツリーライン草加駅から徒歩12分 MAP P47

東京都国立市・府中市

府中用水

全長6キロの農業用水
多摩地区の希有な田園風景を創出

府中用水は多摩川を水源として江戸時代初期に開削された。東京都内で唯一、疏水百選に選ばれ、流域の農業を支えるだけでなく、心安らぐ水辺の風情をつくり出している。

多摩川の古い河床を利用して開削

　国立市青柳で多摩川から取水される府中用水は、武蔵野台地西部の崖線からの湧水を受け入れながら、国立・府中両市内を流れ、府中市是政で多摩川に合流する。水路延長が約6キロメートルという規模の小さな農業用水である。

　現在は、国立市と府中市の水田約11ヘクタール、畑約9.3ヘクタール、樹園地約2.2ヘクタールの合計約23ヘクタールに水を供給しており、受益農家は140戸余りを数える。

　開削は江戸時代初期にさかのぼる。成り立ちを記した古文書などが少なく、はっきりとは分からない。多摩川は江戸時代まで大雨が降るたびに氾濫し、たびたび流路が変わった歴史があり、専門家の間では、慶長元（1596）年に起きた大洪水で流

疏水

東京都国立市・府中市　府中用水

路が変わった際に、それまで川が流れていた古い河床を利用して開削されたと推測されている。農業用水、生活用水として、江戸の経済基盤、生活基盤を支えた歴史は特筆される。

市民協働で清掃活動など保存、継承にも意欲

東京都内で唯一、農林水産省の疏水百選に指定されている。

稲作のほか、国立市谷保地区では武蔵野台地の保水力の高い地質を生かし、水と養分を多く必要とするナスの栽培も盛んで、江戸時代以降、「谷保ナス」の名で知られる名産品を生んでいる。

用水に沿って、四季折々の田園風景が広がるほか、豊かな自然環境が保たれ、カニやドジョウ、アオダイショウが生息するなど、東京とは思えない風景が残されている。

地元の農家や市民の間でも、用水や農業の営みによってつくり出される風景を受け継いでいこうという意欲が強く、市民協働で清掃活動に取り組んでいるほか、小学生による稲作体験なども行なわれている。

都内で農業体験ができる場所としても人気がある

地元農家の方の協力を得て、小学生が農業体験として田植えをする

DATA 鉄道：JR南武線矢川駅から徒歩15分
車：中央自動車道国立府中ICから車で7分

◆府中用水と合わせて行きたい！オススメ周辺情報

城山さとのいえ（じょうやま）

先人の暮らしが作ってきた"里山"

国立市の南部に残る田園を背景に設けられた農業体験学習施設。野菜作りや収穫体験事業などを通じ、原風景と農業を感じられる。建物には多摩産の建材が利用され、施設内の貸し出しも行なう。心地いい空間で農や食と触れ合える。
DATA ☎042-505-5190　営9:00～17:00　休第2・第4木曜　所東京都国立市泉5-21-20　交JR南武線矢川駅から徒歩15分　MAP P49

くにたち郷土文化館（きょうどぶんかかん）

国立の変遷の様子を紹介

国立市の歴史や文化を旧石器時代から現代まで展示品や資料などを通じて学べる。常設展示では、国立の自然や暮らし、まちづくりの流れを民俗資料や写真なども交えて解説している。
DATA ☎042-576-0211　営9:00～17:00（16:30まで入館）　休第2・第4木曜（祝日の場合は開館し翌日休館）　所東京都国立市谷保6231　交JR南武線矢川駅から徒歩8分　Pあり　MAP P49

谷保天満宮（やぼてんまんぐう）

御朱印巡りブームはここから

学問の神様・菅原道真を祀った神社で、多くの受験生が参拝に訪れる。菅原道真ゆかりの梅の花をあしらった御朱印帳は御朱印巡りブームの火付け役になったともいわれている。
DATA ☎042-576-5123　所東京都国立市谷保5209　交中央線高速道国立府中ICから車で3分　MAP P190 B-3

神奈川県川崎市
にかりょうようすい・くじえんとうぶんすい
二ヶ領用水・久地円筒分水

GHQの技師が視察に訪れた分水システムのモデル施設

神奈川県内で最も古い用水路の一つ二ヶ領用水。下流のかんがい面積に応じ、4つの用水に公平に分配する分水管理施設はGHQも視察に訪れた貴重な遺構だ。

川崎領と稲毛領を流れ「二ヶ領」の名の由来に

二ヶ領用水は多摩川右岸を縫うように走る全長約32キロメートルの用水で、川崎市多摩区にある上河原堰、宿河原堰から取水し、高津区久地で合流した後、川崎市幸区までを流れる。

徳川家康から治水と新田開発の命を受けた代官小泉次大夫（じだゆう）が慶長2（1597）年に建設に着手し、慶長16（1611）年に完成させた。その名は川崎領と稲毛領にまたがって開削されたことに由来する。当時の記録には、用水によって、米の収穫量が飛躍的に増えたと記されている。

江戸時代中期には、老朽化が目立つようになり、享保9（1724）年、当時川崎宿で名主・問屋および本陣役を務めていた田中休愚（きゅう

疏水

神奈川県川崎市 二ヶ領用水・久地円筒分水

ぐ）が幕府の命令を受けて改修工事に取り組んだ。

明治6（1873）年に二ヶ領用水から取水する横浜水道が完成すると、飲料水や工業用水としても利用されるようになった。戦後、急速に都市化が進み、農地は激減したが、今も川崎市北部では農業用水として使われている。

かんがい面積に応じて水を公平に分配

二ヶ領用水には多くの遺構が現存し、その代表と言えるのが久地円筒分水である。下流のかんがい面積に応じて、4つの用水路（久地堀・六ヶ村堀・川崎堀・根方堀）に公平に流れを分配する目的で、昭和16（1941）年に建設された。それまでは堰からあふれ出る水を樋（水門）によって分けていたが、正確な分水ができず、水争いが絶えなかった。

円筒の円周比によって分水する技術は当時としては最も正確で、戦後、GHQの土木技師が視察に訪れ、アメリカにも紹介されたと言われている。

平成10（1998）年、全国で用いられた円筒分水の初期の事例として、国の登録有形文化財に選ばれている。

春は桜、夏は生い茂る緑に囲まれる「久地円筒分水」

二ヶ領用水・久地円筒分水

DATA
バス：JR久地駅から市営バス新平瀬橋バス停下車徒歩2分
鉄道：東急電鉄溝の口駅から徒歩12分

◆二ヶ領用水・久地円筒分水と合わせて行きたい！オススメ周辺情報

二ヶ領（にかりょう）せせらぎ館（かん）

多摩川のエコ活動のシンボル

二ヶ領用水の歴史や環境を子どもからお年寄りまで楽しく学べる施設で、エコ関連のイベントも多く、市民活動の拠点となっている。多摩川に生息するコイなど水生生物も展示されている。

DATA ☎044-900-8386 営10:00～16:00(5～8月の土・日曜・祝日は9:00～16:00) 休月曜 所神奈川県川崎市多摩区宿河原1-5-1 交JR南武線宿河原駅から徒歩15分 MAP P190 B-3

大山街道（おおやまかいどう）ふるさと館（かん）

江戸の輸送路・大山街道を知る

館内では大山街道の歴史や民俗に関する貴重な資料を展示している。また、地域ゆかりの芸術家などに関する作品が並び、地元民によるカルチャー講座も数多く開催されている。

DATA ☎044-813-4705 営10:00～17:00 所神奈川県川崎市高津区溝口3-13-3 交JR南武線武蔵溝ノ口駅から徒歩7分 MAP P51

川崎市緑化（かわさきしりょくか）センター

約200種のツバキが咲き誇る

一年中草花が目を楽しませてくれる植物園。敷地内を流れる二ヶ領用水や樹木園など水辺の美しい風景が自慢。市民の木「ツバキ」は約200種類栽培され、多くの地元民が訪れる。

DATA ☎044-911-2177 営9:00～16:30(11～2月は～16:00) 休月曜（祝日の場合は翌日休）所神奈川県川崎市多摩区宿河原6丁目14番1号 交JR南武線宿河原駅から徒歩7分 Pあり MAP P190 B-3

山梨県北杜市

さんぶいちゆうすい
三分一湧水 🌸

三角石柱で水を均等に配分
名水百選「八ヶ岳南麓高原湧水群」のひとつ

三分一湧水は下流に位置する6つの村落三方向に、湧水を均等に配分する優れた機能が持ち味だ。これにより、湧水をめぐって長年続いた水争いをおさめたという。

1日に約8500トンの湧水
農業用水として活用

　三分一湧水は、1日に約8500トンという豊富な湧水を農業用水として利用するための堰である。
　江戸時代に湧水口から引いた水を分水池に集め、三角石柱を利用した利水施設により、湧水を三方向の村に流したことから名が付けられたとされている。八ヶ岳南麓高原では、三分一湧水をはじめ、大滝湧水や女取湧水など28カ所以上の湧水が確認されており、昭和60（1985）年には「八ヶ岳南麓高原湧水群」として「名水百選」に選定されている。

疏水

山梨県北杜市 三分一湧水

水温は約10℃
夏でもひんやり

　湧水の水温は年間を通じて約10℃で、流れは清冽である。

　夏は豊かな水と触れ合い、三分一湧水のすぐ北側を通り、武田信玄が信州攻略のために造ったと伝えられる「信玄棒道」を散策すれば、清涼感が満喫できる。

　秋はミネラルたっぷりの八ヶ岳南麓高原の湧水を使い、玄蕎麦（殻のついたままのソバの実）を職人の手打ちの技で仕上げた新蕎麦を味わうのがおすすめだ。

　三分一湧水から南に5分ほど歩いた場所にある「富士見坂」は、富士山を大パノラマで眺められる絶景ポイントとして地元民にも知られている。関東の富士見百景にも認定されているので、三分一湧水を訪れた際には合わせて足を運んでほしいスポットだ。

遊歩道や休憩所もあり、冷たい水が流れるため夏は人気の納涼スポットとなる

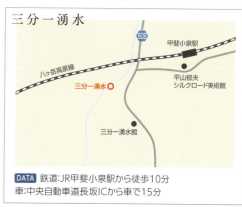

DATA 鉄道:JR甲斐小泉駅から徒歩10分
車:中央自動車道長坂ICから車で15分

◆三分一湧水と合わせて行きたい！オススメ周辺情報

信玄棒道（しんげんぼうみち）

信玄が造った道が今も残る

武田信玄が信州攻略のために造った軍用道路。道がまっすぐなことから「棒道」と呼ばれる。沿道には江戸時代に安置された36体ほどの観音像が並び、現在は散策路としても人気がある。

DATA ☎0551-42-1351（北杜市役所観光課）所山梨県北杜市小淵沢町　交中央自動車道長坂ICから車で15分 MAP P190 B-3

三分一湧水館（さんぶいちゆうすいかん）

水分石は先人の知恵

湧水の仕組みや水質、民話や歴史を紹介する施設。館内にはそば処や野菜直売所があり、草餅やビール漬け、地酒など他では味わえない北杜市が誇る特産品が数多く販売されている。

DATA ☎0551-32-0058 営9:00～17:00（そば処11:00～15:00）休火曜（12月～3月）所山梨県北杜市長坂町小荒間292-1 交中央自動車道長坂ICから車で15分 Pあり MAP P53

平山郁夫シルクロード美術館（ひらやまいくおびじゅつかん）

平山郁夫の美術品約9000点を所蔵

日本画家・平山郁夫の作品や平山夫妻が収集したシルクロードの貴重な美術品を展示している。40年にわたって集められた品は約37カ国の絵画や彫刻など約9000点にも及び、見応え十分。

DATA ☎0551-32-0225 営10:00～17:00（最終入館16:30）料1200円 所山梨県北杜市長坂町小荒間2000-6 交中央自動車道長坂ICから車で15分 Pあり MAP P53

長野県安曇野市

拾ヶ堰（じっかせぎ）

延べ6万7000人の農民が手掘り
わずか3カ月の工事で完成

安曇野を流れる農業用水の中でも最大の規模を持つのが「拾ヶ堰」である。水不足に悩む農村の指導者が着想し、農民の手によって完成した労作だ。

安曇野にある最長の農業用水路

拾ヶ堰は安曇野を流れる農業用水路で、総延長は約15キロメートルと安曇野にある横堰のうち最も長い。水量が豊富で安定している奈良井川を水源とし、かんがい面積は約800ヘクタールにも及ぶ。

開削されたのは文化13（1816）年である。北アルプスの麓にあって今では雄大な田園風景が広がる安曇野はかつて、複合扇状地のため河川の水が地下に浸透してしまい、特に扇央部では水の確保が困難だった。水田を営むにはどうしても堰を開削し、水を引く必要があった。

地域の水不足を改善したいと願う柏原村や吉野村など10の村々の指導者が水路の開削を思い立ち、26年に及ぶ綿密な調査を経て、開

疏水

長野県安曇野市 拾ヶ堰

かんがい面積約1000ヘクタールという広大な農地へゆっくりと給水している

削工事に取りかかった。近代的な重機などまだない時代である。水路の開削はクワやモッコによって手掘りするしかなかったが、延べ6万7000人の農民が動員され、わずか3カ月で完成させた。

拾ヶ堰の名は骨身を削った農民が暮らす十村を潤したことに由来している。

緩やかに流れる横堰
緻密な測量をもとに開削

拾ヶ堰は奈良井川から取水し、梓川を横断した後、堀金上堀地区の「大曲り」までは山に向かって流れていく。

初歩的な測量器しかない時代だったものの、英知を集めた緻密な実測によって、水路はほぼ標高570メートルの等高線に沿って流れるように造られており、水がゆっくりと流れるのが特徴である。頭首工から放流口までの高低差はわずか5メートルしかない。

拾ヶ堰の完成によって、既存の縦堰の水に余裕が生まれ、拾ヶ堰より上段の塚原、上原地区にも水田が拓かれるなど、流域以外の新田開発にも威力を発揮した。

現在、拾ヶ堰沿いには自転車道が整備され、多くの人がサイクリングやウォーキングを楽しむなど、和やかな親水景観が広がっている。

DATA 鉄道:JR南豊科駅から車で5分
車:長野自動車道安曇野ICから車で15分

◆拾ヶ堰と合わせて行きたい！オススメ周辺情報

ほりがね物産センター

地元農家の活気あふれる直売所

道の駅アルプス安曇野ほりがねの里にある直売所で、地元農産物や加工品が揃う。農家の元気なお母さんたちが営む「おむすびの店」の「おにぎり定食」（630円）は売り切れになるほど人気。

DATA TEL 0263-73-7002 営8:30～17:00(7～8月は7:00～) 所長野県安曇野市堀金烏川2696 交長野自動車道安曇野ICから車で15分 Pあり MAP P55

ファインビュー室山

安曇野の絶景が自慢の温泉宿

北アルプスの麓にあるりんご畑に囲まれた温泉。標高800メートルの高台にあり、露天風呂からは安曇野の街を一望できる。そば打ちやりんご収穫体験など信州らしい体験メニューも充実。

DATA TEL 0263-77-7711 所長野県安曇野市三郷小倉6524-1 交長野自動車道松本ICから車で20分 Pあり MAP P190 A-2

大王わさび農場

日本一の規模を誇るわさび田

15ヘクタールと日本最大の広さを誇るわさび栽培地。遊歩道を歩くと北アルプスの湧水とわさびの鮮やかな緑の葉が目に飛び込んでくる。わさびコロッケやわさびソフトクリームなどグルメも◎。

DATA TEL 0263-82-2118 営9:00～17:20(11～2月は～16:30) 所長野県安曇野市穂高3640 交長野自動車道安曇野ICから車で10分 Pあり MAP P190 A-2

静岡県三島市
げんべえがわ
源兵衛川

水の都・三島を代表する潤い豊かな水辺の風景

かつて清冽な流れで水田を潤した源兵衛川は、高度成長期に湧水量の減少で水辺環境が悪化した。やがて地域一丸となった環境保全活動が実を結び、今、清流は見事に蘇っている。

富士山からの湧水を利用した農業用水

　源兵衛川はＪＲ三島駅南口に隣接する市立公園「楽寿園」内にある小浜池から中郷温水池まで、全長約1.5キロメートルの農業用水である。室町時代後期、伊豆の守護代寺尾源兵衛により中郷地区11カ村の水田をかんがいするために開削された。

　小浜池は三島駅周辺にある富士山からの湧水池の一つで、現在の源兵衛川は、農業用水としての機能のほか、川の流れの中に整備された散策路によって、清流と自然に触れ合える親水空間として多くの人が訪れる観光名所となっている。

静岡県三島市 源兵衛川

疏水

地域が一丸となり
環境保全活動に取り組んだ

　かつての源兵衛川は清澄で豊かな水量を誇っていたが、昭和30年代後半から始まった高度成長期には上流域の開発や都市化、地下水の汲み上げなどの影響で湧水量は激減、生活排水の流入により川の汚れもひどくなってしまった。このような中、環境悪化の現状と改善を訴える農業者や川沿いの住人の呼びかけから清流を取り戻そうという機運が高まり、平成2（1990）年に「県営農業水利施設高度利用事業」に採択された。その後8年にわたって行なわれた流域の整備事業には、土地改良区やNPO、市民、行政、企業が協働し、一丸となって環境保全活動に取り組んだ。その間、市民による定期的な河川清掃やホタルの放流活動も行なわれた。地道な活動の一つひとつが功を奏し、源兵衛川に清流が蘇ったのである。

　こうした地域協働の取り組みが評価され、平成28（2016）年11月8日、世界かんがい施設遺産に登録された。清流が復活した川辺にはカワセミやミシマバイカモなどの希少な動植物が生息し、子どもたちが水遊びに興じる。初夏にはホタルが舞い、「水の都・三島」を代表する水辺の風景となっている。

市街地の中心でホタルを鑑賞できる全国的にも珍しいスポット

DATA 鉄道：JR三島駅から徒歩10分
車：東名高速道路沼津ICから車で20分

◆ 源兵衛川と合わせて行きたい！オススメ周辺情報

楽寿園（らくじゅえん）

富士山の湧水が潤す緑豊かな公園

明治維新で活躍した小松宮彰仁親王の別邸として造られ、富士山の溶岩流の上に160種以上の樹木が育ち、国の天然記念物および名勝に指定されている。高床式数寄屋造りの建物も必見。

DATA ☎055-975-2570 営9:00～16:30（11～3月は～16:00）休月曜 料300円 所静岡県三島市一番町19-3 交JR三島駅から徒歩3分 Pあり（2時間まで200円、以後30分ごとに50円）MAP P57

中郷温水池（なかざとおんすいち）

低温の湧水を稲作用の水に変換

稲作に不向きな低温の湧水を一定期間貯留し、温めるために造成された池。富士山の眺望がよく、とりわけ富士山が池に逆さに映る景色は美しく、人気の撮影スポットとなっている。

DATA ☎055-983-2654（三島市農政課）所静岡県三島市富田町5-38 交沼津登山東海バス停富田町下車徒歩3分 MAP P190 B-3

三嶋大社（みしまたいしゃ）

源頼朝ゆかりの伊豆一の宮

源頼朝が挙兵の際に祈願を寄せたことで有名な伊豆一の宮。宝物館に展示される歴史資料や重要文化財の総ケヤキ素木造りの御殿など歴史ファンにはたまらないお宝がいっぱい。

DATA ☎055-975-0172 営宝物館9:00～16:00 料500円 所静岡県三島市大宮町2-1-5 交東名高速道路沼津ICから車で20分 Pあり（1時間ごとに200円）MAP P57

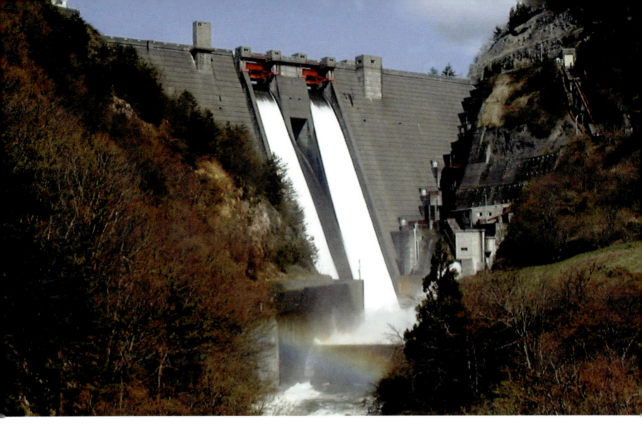

新潟県新発田市

加治川用水・内の倉ダム

加治川の豊渇差をダムで解消
内部空間ではコンサートも

昭和40年代から数年をかけて完成させたダムと7本の用水路により、降れば洪水、晴れれば干ばつと言われた加治川の水利は一変した。新発田市の農業の発展に寄与したことは言うまでもない。

江戸時代には
新発田藩主が改修

　加治川は新潟、山形の県境をなす御西岳、北股岳を水源とし、新発田市内を経て日本海へ注ぐ流路延長55キロメートルの二級河川である。
　流域の農民たちは農業用水の水源として活用していたが、水深が浅いうえ、保水性に乏しい土質や地形のため、豊渇の差が激しく、雨が降れば洪水、晴天が続けば渇水に陥って、地域住民を悩ませた歴史を持つ。
　寛永年間（1624～1644年）末期に、新発田藩3代藩主・溝口宣直が加治川の改修に乗り出し、水害の減少や新田の開発に一定の成果を上げたものの、自然の猛威の前にはまだまだ微力だった。
　状況が飛躍的に改善したのは昭和39（1964）年に国営加治川農業水利事業が始まってからで

新潟県新発田市 加治川用水・内の倉ダム

疏水

かんがいや上水道、発電、洪水調節などの4つの機能を併せ持つ内の倉ダム

加治川治水記念公園周辺の「加治川長堤十里の桜並木」ではライトアップも行われる

ある。同48（1973）年には加治川の支流・内の倉川にかんがい、上水道、発電、洪水調節という4つの機能を持った多目的ダムとして「内の倉ダム」が建設された。

このほかにも、昭和44（1969）年に第一頭首工、同45（1970）年に第二頭首工、同50（1975）年に幹線用水路7路線が完成。加治川流域は優良な農業地帯へと発展した。

加治川の改修事業完了を記念して整備された加治川治水記念公園の周辺では、水害と河川改修で失われた桜並木の復元が進み、約2000本もの桜が並ぶ人気の花見スポットとして、多くの人の憩いの場となっている。

国内で最後に造られた中空の重力式ダム

内の倉ダムは内部に中空を設けた中空重力式ダムである。日本でこの方式によって建設されたダムは内の倉ダムが最後で、国内には13基が現存する。

堤体内の中空部分はよく音が反響することからコンサートが開催されることもあり、一般の音楽ホールでは味わえない音の響きが楽しめる。

DATA 鉄道:JR新発田駅から車で40分
車:日本海東北自動車道聖籠新発田ICから車で50分

◆ 加治川用水・内の倉ダムと合わせて行きたい！オススメ周辺情報

あかたにの家（いえ）

小学校を改修した青少年宿泊施設

閉校した赤谷小学校を改修した青少年宿泊施設。山や川など自然に囲まれ、宿泊体験を通して防災学習や交流などに活用されている。青年団やスポーツ少年団の合宿やキャンプの利用に最適。

DATA ☎0254-28-2116（12～3月は中央公民館へ0254-22-8516）休月曜、12～3月末 所新潟県新発田市上赤谷2173 交日本海東北自動車道聖籠新発田ICから車で40分 Pあり MAP P59

滝谷森林公園（たきたにしんりんこうえん）

加治川の自然を生かした遊び場

内の倉ダムの上流に位置する森林公園。季節の草花が彩りを添える広場での森林浴や公園の脇を流れる加治川の清流で水遊びや釣りを楽しめる。園内のキャンプ場もリピーターが多い。

DATA ☎0254-28-2713 営8:30～17:00（4月上旬～11月下旬）所新潟県新発田市滝谷1686 交日本海東北自動車道聖籠新発田ICから車で42分 Pあり MAP P190 B-1

五十公野公園あやめ園（いじみのこうえん）

日本四大アヤメ園の一つ

300品種60万本のアヤメが咲き誇る公園。日本四大アヤメ園に数えられ、紫や白、青のアヤメが水辺を彩る景色は見事。毎年6～7月上旬の「しばたあやめまつり」は観光客で賑わう。

DATA ☎0254-26-6789（新発田市観光協会）所新潟県新発田市五十公野 交日本海東北自動車道聖籠新発田ICから車で20分 Pあり MAP P59

富山県砺波市

しょうがわごうくちえんてい
庄川合口堰堤 🍁

庄川に点在した取水口を集約
穀倉地帯に水を安定供給

砺波平野を流れる庄川に点在していた用水の取水口を集約するため、戦前に建設されたダムがある。北陸屈指の大扇状地に水を安定供給し、穀倉地帯の近代化を支えたその使命は重かった。

平成16（2004）年に
国の登録有形文化財に

　庄川合口堰堤と呼ばれるダムは砺波平野の扇頂部に位置し、昭和14（1939）年に建設された。「合口」という名前は、このダムの建設以前に庄川流域にあった農業用水の取水口を統合（合口化）したことに由来する。庄川には小牧ダム、利賀ダム、御母衣ダムなど大小複数のダムがあるが、庄川本流に築造されたダムのうち最も下流に位置している。

　10門のラジアルゲートを持つ鉄筋コンクリート造りで、左岸下流に魚道、両岸上流に取水口を設けている。堤長は約103メートル、堤高は約18.5メートル、有効貯水量は48万立方メートルの規模で、かんがいと発電の役割を担うほか、防火や消雪など生活用水としても役立てられて

疏水

富山県砺波市 庄川合口堰堤

いる。かんがい面積は1万2000ヘクタールで、富山県内の農地の約2割を占めている。平成16（2004）年、国の登録有形文化財に指定されている。

ダムの築造以前は水を巡って熾烈な争い

かつて、庄川には農業用に用いられる大小の用水路が網の目のように張り巡らされていたが、河道が不安定で、しばしば取水口の変更を余儀なくされていた。

洪水によって取水口が破壊されるたび、修復を強いられたり、日照りで水不足に陥ると、水争いが起きることも珍しくなく、ずっと以前から根本的な対策が求められていた。

そのため、水力発電用の小牧ダム＝昭和5（1930）年完成＝の建設計画に合わせて、新たに堰堤を設け、農業用水の取水口を統合する計画が進められた。これにより、一つの取水口から既存の各用水に水を流すことが可能となり、水不足が解消された。

ダム周辺の庄川峡は、新緑や燃えるような紅葉・雪景色の山々などが美しく、豊かな自然や四季折々の風情を楽しめる。

10門のラジアルゲートで適切な水量を調節しながら供給している

DATA 鉄道:JR砺波駅から車で15分
車:北陸自動車道砺波ICから車で15分

◆庄川合口堰堤と合わせて行きたい！オススメ周辺情報

散居村展望台（さんきょそんてんぼうだい）

人々を魅了する月明りで輝く水田

標高約400メートルから砺波平野に広がる散居村を一望できる。水田に水の張られた時期には、月明かりが水田に照らされひと際美しい。昼は情緒あふれる散居村ののどかな風景を眺められる。

DATA TEL 0763-33-7666（砺波市観光協会）所富山県砺波市五谷160 交北陸自動車道砺波ICから車で20分 Pあり MAP P61

庄川峡湖上遊覧（しょうがわきょうこじょうゆうらん）

庄川峡の雄大な自然を体感

庄川峡の小牧ダムから大牧温泉の間を約1時間かけて往復する遊覧船。新緑や紅葉、雪景色など四季を通じて湖面の絶景を楽しめる。気軽に楽しめる約25分のショートクルーズも実施。

DATA TEL 0763-82-0220 営【運航時間】8:30〜16:00（1日4便、12〜1月は1日3便運航） 料2800円（ショートクルーズは1000円）所富山県砺波市庄川町小牧73-5 交北陸自動車道砺波ICから車で20分 Pあり MAP P61

農家レストラン大門（のうかおおかど）

砺波の伝統料理を味わう

明治30（1897）年に建てられた伝統家屋「アズマダチ」を改装した店。大門素麺やゆべす、よごしなどの砺波の郷土料理が食べられる。「素麺定食」（1000円）がいち押しの人気メニュー。

DATA TEL 0763-33-0088 営11:00〜14:00、17:00〜22:00 所富山県砺波市大門165番地 交北陸自動車道砺波ICより車で8分 Pあり MAP P61

富山県富山市
じょうさいごうくちようすい
常西合口用水

日本初の合口事業を遂行
オランダ人技師ヨハネス・デ・レーケ

常願寺川にはかつて、農業用水の取水口が12カ所も存在した。取水口ごとに流量が異なったため、水利を巡る争いが絶えなかったが、この難題を解決したのは一人のオランダ人技師だった。

名うての急流常願寺川
12用水の取水口を統合

　富山市を流れる常西合口用水は、長さ13キロメートル、3300ヘクタールを潤す幹線用水路である。常願寺川の氾濫抑止と富山平野のかんがい用水として、オランダ人土木技師ヨハネス・デ・レーケの指導により明治26（1893）年に完成した。

　水源の常願寺川は日本有数の急流河川で、デ・レーケをして「これは川ではない、滝だ」と言わしめた話は有名である。戦国武将で富山城主だった佐々成政（さっさなりまさ）は洪水から城下を守るために「佐々堤」を築いている。佐々堤は三面玉石張りの長さ150メートル、底幅45メートルに及ぶ非常に強固な堤防で、川の水を押し戻すために斜めに設置された。今はその天端部

の一部を常西合口用水の川床に見ることができる。

古くから常願寺川より西の常西地区には12の農業用水があり、それぞれが常願寺川左岸の堤防に水門を造り、農地に水を引いていた。多くの水が上流で取水されるため下流の用水はともすると水不足となり、用水間の争いが絶えなかった。明治24（1891）年、常願寺川の大洪水を機に富山県は流域の災害復旧にあたり、デ・レーケの提案に基づく12の用水路の合口化を柱とした河川改修に着手した。この時代に約4000ヘクタールにわたる規模の用水合口事業は全国的にも例がなく、デ・レーケの高い見識が現在の用水の基盤を整えたと言ってよい。

市民生活になくてはならない用水

常西合口用水はその後、農業用水のみならず富山市の上水道、工業用水の水源としても利用され、市民生活に不可欠な用水となった。「常西用水プロムナード」の散歩道を歩けば、立山の雪解け水が轟々と流れ、その上に両岸から覆いかぶさるようにソメイヨシノが咲き乱れる様子は富山ならではの春の風情である。

春には雪解け水が清らかに流れ、美しい桜と調和した見事な景観をつくる

DATA 鉄道：富山地鉄大川寺駅から徒歩15分
車：北陸自動車道富山ICから車で20分

疏水

富山県富山市　常西合口用水

◆ 常西合口用水と合わせて行きたい！オススメ周辺情報

池田屋安兵衛商店
（いけだややすべえしょうてん）

薬や薬草が店内に並ぶ

座売りと呼ばれる薬の店頭販売の老舗。客の症状や悩みに応じて、自家製和漢薬や200種類以上の薬草を処方してくれる。館内では名薬「反魂丹」作りの様子を見学できる。

DATA ☎076-425-1871 営9:00～18:00 休無休 所富山県富山市堤町通り1-3-5 交市電・西町電停から徒歩3分 Pあり MAP P190 A-2

富山県富岩運河環水公園
（とやまけんふがんうんがかんすいこうえん）

水辺と芝生の広がる親水公園

自然と運河に囲まれた親水公園。芝生や遊歩道が設けられ、市民の憩いの場となっている。園内には天門橋や泉と滝の広場、全面ガラス張りで水辺の景色を楽しめるカフェなど見どころも満載。

DATA ☎076-444-6041 営入園自由 所富山県富山市湊入船町 交JR富山駅から徒歩10分 Pあり MAP P190 A-2

富山城・郷土博物館
（とやまじょうきょうどはくぶつかん）

3重4階建ての城をイメージ

富山産業大博覧会の記念として建設され、館内では郷土の歴史や文化を紹介している。現在、富山市の戦災復興を代表する建築物として、国の登録有形文化財にも登録されている。

DATA ☎076-432-7911 営9:00～17:00（入館は16:30まで）休12月28日～1月4日（臨時休館あり）所富山県富山市本丸1-62 交JR富山駅より徒歩10分 P城址公園地下駐車場（1時間320円、以降30分ごとに100円～）MAP P190 A-2

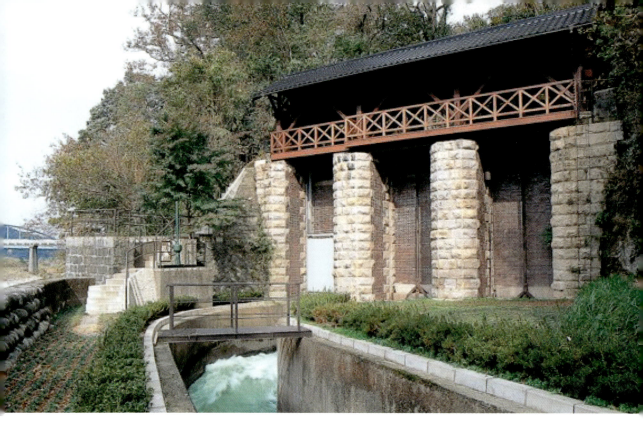

石川県白山市
てどりがわしちかようすい
手取川七ヶ用水

特筆すべき枝権兵衛とヨハネス・デ・レーケの功績

手取川を水源に、手取川扇状地の約5000ヘクタールを潤す農業用水。稲作を営むために古くから7つの用水が引かれていたことから「七ヶ用水」と呼ばれる。

私財をなげうって
トンネル工事

　白山市、金沢市、野々市市、川北町の3市1町の約5000ヘクタールにかんがい用水を供給する農業用水。手取川扇状地の隅々まで水を届け、石川の米作りを支えている。

　暴れ川と言われた手取川の分流・入川跡などを利用して、古くから田畑に水が引かれていたが、富樫(とがし)、郷、中村、山島、大慶寺、中島、新砂川の7つの用水が引かれたことにより、いつのころからか「七ヶ用水」と呼ばれるようになった。

　七ヶ用水の歴史を語る上で忘れてはならないのが枝権兵衛の功績である。権兵衛は江戸時代末期の商人で富樫用水の責任者を務めていた人物だ。毎年のように起きる洪水や水不足に苦し

む住民を見かね、安久濤ヶ淵（あくどがふち）（現在の白山市白山町）から、水を取り入れる計画を立てた。硬い岩をくりぬいて約300メートルのトンネルを掘る難工事だったが、私財をなげうち、5年の歳月をかけて明治2（1869）年に完成させた。

取水口の統合を
オランダ人技師が指導

七ヶ用水の発展にはオランダ人技師ヨハネス・デ・レーケも多大な功績を残している。

手取川が氾濫するたびに用水の取水口がふさがってしまうため、デ・レーケの指導のもと、取水口を合口（統合）する事業が行なわれ、明治36（1903）年に大水門や隧道、給水口などの施設が整備されたのだ。

大水門は高さ12メートル、幅4.8メートルで、水門と機械室は明治時代のまま現存する。給水口の入り口はレンガと石で造られ、天井部はアーチ型。長さ約700メートルの隧道と合わせ、良好な状態で保存されている。平成21（2009）年に土木学会が選奨土木遺産に指定した。

疏水　石川県白山市　手取川七ヶ用水

手取川右岸から取水し、七ヶ用水給水口から豊富な水が加賀平野へ流れている

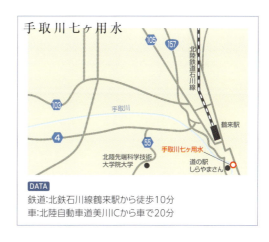

手取川七ヶ用水

DATA
鉄道：北鉄石川線鶴来駅から徒歩10分
車：北陸自動車道美川ICから車で20分

◆手取川七ヶ用水と合わせて行きたい！オススメ周辺情報

白山白川郷ホワイトロード
（はくさんしらかわごう）

絶景の連続を快適ドライブ

岐阜と石川をつなぐ全長33.3キロの山岳ドライブコース。雄大な白山やふくべの大滝など大自然が織りなす景色を眺望できる。周辺には温泉や足湯もあり、心も体もリフレッシュできる。

DATA TEL 076-256-7341（白山林道石川管理事務所）所 石川県白山市尾添地内～岐阜県大野郡白川村字鳩谷地内 交 北陸自動車道白山ICから車で70分 MAP P190 A-2

道の駅瀬女
（みちえきせな）

地元で人気の白峰名物とちもち

国道360号線沿い、157号線との合流点にあり、白山麓へのドライブにぜひ立ち寄りたい場所。白山市の特産品が豊富に揃っており、白峰名物のとちもちを求めて地元ファンも多く足を運ぶ。

DATA TEL 076-256-7172 営 9:00～17:30（11月下旬～3月中旬は～17:00）所 石川県白山市瀬戸寅163-1 交 北陸自動車道白山ICから車で40分 MAP P190 A-2

綿ヶ滝
（わたがだき）

自然の迫力に圧倒される

流れ落ちる水が白い綿に見えることから「綿ヶ滝」と呼ばれている。手取峡谷で最大の滝で、その高さと水量が織りなす景色は迫力満点。河床では、浸食地形や断層も観察できる。

DATA TEL 076-255-5310（白山市観光情報センター吉野工芸の里）所 石川県白山市下吉谷町 交 北陸自動車道白山ICから車で50分 P あり MAP P190 A-2

大野庄用水

石川県金沢市

金沢の用水 🌸

景観や融雪、防火など多くの役目を担う

土塀と石垣に沿って水が流れる大野庄用水は金沢らしい風情を演出している。金沢は藩政期に造られた用水が街中を縦横に巡っており、癒しの水音にあちこちで出会えるまちだ。

兼六園の水泉の美を陰で支える辰巳用水

　金沢のまちには犀川や浅野川などを水源とする55の用水が網の目のように市内に張り巡らされ、総延長は約150キロメートルにも及ぶ。兼六園の霞ヶ池や瓢池を潤す辰巳用水は、城下町の6000戸と金沢城まで焼失した大火の翌年

寛永9（1632）年、3代藩主前田利常が小松の町人板屋兵四郎に設計させ、金沢城の防火などの目的で造られた。当時は珍しかった水圧を利用して水を高い位置まで引き上げる逆サイフォン式を採用し、約11キロメートル離れた犀川上流から金沢城の二の丸まで水を導いた。技術の難度や規模などから五郎兵衛新田用水（長野県）や玉川上水（東京都）、箱根用水（神奈川県）とともに日本四大用水の一つとされている。

石川県金沢市　金沢の用水

まちの発展を見守る
大野庄用水と鞍月用水

　金沢最古の大野庄用水は、別名「御荷川（鬼川）」とも呼ばれ、金石港から大量の木材を運び、金沢城の築城に大きな役割を果たした。ほかにも物資の運搬や防火、防御、融雪にも利用され、農業用水としても大徳や金石地区の農地に恵みを与えていた。

繁華街・香林坊や南町の裏通りを流れる鞍月用水。「せせらぎ通り」と呼ばれる用水沿いには、雑貨やカフェなど新店が続々オープンし、トレンド発信地ともなっている

　鞍月用水は、藩政初期の正保年間（1644～1648年）に水力を利用した菜種油の採取やかんがい用に造られた。明治期は精米や製粉に水力が活用され、明治～大正期は当時全国第2位の規模を誇った金沢製糸工場の原動力ともなった。このように金沢の用水は市民の生活には欠かすことができず、今もまちなみに独特の風情を醸し出している。金沢市では平成8（1996）年、用水の多様な魅力を後世に伝えるため、用水保全条例を制定し、潤いとやすらぎのあるまちづくりに取り組んでいる。

石川県立美術館と金沢市立中村記念美術館をつなぐ美術の小径の脇を流れる辰巳用水

DATA
鉄道:JR金沢駅から車で17分（大野庄用水）
車:北陸自動車道金沢西ICから車で25分

◆ 金沢の用水と合わせて行きたい！オススメ周辺情報

石川県銭屋五兵衛記念館・銭五の館
（いしかわけんぜにやごへいきねんかん・ぜにごのやかた）

天才的豪商の生き方にふれる

江戸時代末期、北前船の商いで加賀藩の財政を支え、「海の百万石」と称された豪商・銭屋五兵衛の遺品や文献などを展示。現存していた銭屋の旧宅と蔵を移築再現している。

DATA TEL 076-267-7744 営9:00～17:00（記念館）、10:00～17:00（銭五の館）料2館共通:大人500円、小中高生350円 所石川県金沢市金石本町口55 交北鉄バス・西警察署前バス停下車徒歩5分 Pあり MAP P190 A-2

金沢ふるさと偉人館
（かなざわふるさといじんかん）

世界が認めた郷土の偉人を学ぶ

台湾で当時、東洋一の烏山頭ダムを建設した技師・八田與一や消化薬のタカヂアスターゼを発明した化学者・高峰譲吉など金沢ゆかりの偉人の生涯や業績を紹介している。

DATA TEL 076-220-2474 営9:30～17:00 料300円 休無休 所石川県金沢市下本多町6-18-4 交北鉄バス・本多町バス停下車徒歩2分 Pあり MAP P67

近江町市場
（おうみちょういちば）

金沢市民の台所

金沢の中心地区にありながら、市場らしい活気あふれる金沢市民の台所。鮮魚店や青果店、飲食店など約180店舗が軒を連ね、料亭の仕入からご家庭の食卓まで幅広い品揃えで愛され続けている。

DATA TEL 076-231-1462（近江町市場商店街振興組合）営休店舗により異なる 所石川県金沢市上近江町50 交北鉄バス・武蔵ヶ辻・近江町市場バス停からすぐ Pあり（有料）MAP P67

足羽川頭首工

福井県福井市

あすわがわようすい
足羽川用水

世界かんがい施設遺産に登録された足羽の清流

米どころ福井平野を潤す足羽川用水は奈良時代からの長い歴史がある。福井藩の卓越した技術力によって整備され、生活用水として住民にも親しまれてきた。

現在とほとんど変わらない300年前の正確な基準値

　足羽川用水は福井市の南東部に位置し、1997ヘクタールの農地をかんがいする7つの幹線用水の総称である。足羽川頭首工より取水され、左岸の徳光、足羽三ケ、足羽四ケ、社江守、六条、木田の各用水、右岸の酒生用水を合わせた総延長22キロメートルからなる。

　この地域のかんがいは奈良時代、東大寺の荘園内に原始的な水路が開かれたことに始まる。南北朝時代に朝倉氏が水路を拡張し、江戸時代の宝永年間（1710年頃）に福井藩用水奉行を務めた戸田弥次兵衛英房がほぼ現在の形に整備した。複数の用水系統を統合して運用管理する当時としては革新的な合口と木工沈床による堰の建設を行なったほか、水路の分水地点に強固な

疏水

福井県福井市　足羽川用水

石材を桝形に組んだ「定石」を敷設して用水の配分を明確にし、水争いを緩和した。当時の水路幅員や分水量を記載した古文書『徳光大用水江幅相改証文帳』(宝永7年) には現在と殆ど変わらない正確な基準値が記されており、300年以上前の測量技術や設計水準の高さがうかがえる。

地域住民の生活に密着した用水

足羽川用水は農業用水のみならず地域住民の生活に密着した用水でもある。幾多の災害も住民主導で乗り越えてきた。徳光用水 (徳光下江用水路) に沿う東郷街道は戦国時代に朝倉氏の城下町として、江戸時代には大野藩の参勤交代の道中宿場として栄え、今も町並みの中央を流れる用水は「堂田川 (どうでんがわ)」の愛称で川沿いの空間とともに人々に親しまれている。また酒生用水を取り入れたビオトープ「酒生わいわいトープ」は地域の子どもたちが水や緑と触れ合う拠点として活用されている。

こうした人々の営みが評価され、足羽川用水は平成28 (2016) 年、歴史的価値がある農業用水利施設を認定する「世界かんがい施設遺産」に登録された。

堂田川 (徳光下江用水路) は、荘園時代から生活用水として利用され、今も住民たちの憩いの場となっている

DATA
鉄道:JR一乗谷駅から徒歩18分
車:北陸自動車道福井ICから車で6分

◆ 足羽川用水と合わせて行きたい！オススメ周辺情報

一乗谷朝倉氏遺跡（いちじょうだにあさくらしいせき）

華麗な一族の夢の跡

戦国大名・朝倉氏が5代103年にわたって栄えた城下町跡。復原町並では日本有数の大都市として栄華を極めた往時の町並みを再現している。桜が見事な春、雪に包まれた冬も趣深い。

DATA ☎0776-41-2330 (朝倉氏遺跡保存協会) 所福井県福井市城戸ノ内町　交北陸自動車道福井ICから車で10分　MAP P190 A-3

一乗谷あさくら水の駅（いちじょうだに　みずえき）

足羽川頭首工に隣接する道の駅

足羽川用水の水を三連水車で園内に汲み上げて、ホタルのビオトープや体験農園を潤している。名物「おろしそば」や「ソースかつ丼」、地元農産物など福井を満喫できるスポット。

DATA ☎0776-41-2777　営9:00〜18:00　休水曜　所福井県福井市安波賀中島町1-1-1　交北陸自動車道福井ICから車で6分　MAP P69

堂田川（どうでんがわ）

地域に活気をもたらす小川

「疏水百選」に選ばれた用水を地域の観光資源に活用している。川沿いのライトアップや地元アーティストによるコンサート、川床を使ったイベントなどを開催しているほか、堂田川の魅力を伝えるオリジナルソングもある。

DATA ☎0776-41-4132 (足羽川堰堤土地改良区連合) 所福井県福井市安波賀中島町2-2-1　交北陸自動車道福井ICから車で6分　MAP P69

岐阜県本巣市
むしろだようすい
席田用水

幻想的なホタルの名所
命つなぐ水を巡る論争も

席田用水は1300年前の藤原時代から農業用水として使われている。古くは歌枕にも詠まれ、今はホタルの名所となって市民に優しく見守られている。

和歌にも詠まれた
歴史ある農業用水

　席田用水は岐阜県本巣市を流れる農業用水である。この地域は、今から1300年前の藤原時代には米作りが行なわれており、そのころからすでに用水として使われていた。根尾川から取水される席田用水は糸貫川とも呼ばれる。鶴が生息する美しい流れだったとみられ、その情景は平安・鎌倉時代の和歌にも多く詠まれた。

　むしろ田や　かねて千歳のしるきかな　いつぬき川に鶴遊ぶなり　『後鳥羽院集』

　ところが享禄3（1530）年に享禄の大洪水が起こり、根尾川の流路が大きく変わった。新しい本流の藪川ができ、糸貫川の流れは南西へ向きを変えて現在の根尾川筋を造った。糸貫川の水量が著しく減少したため、糸貫川に頼っていた農

疏水　岐阜県本巣市　席田用水

ホタル観賞を優先し、特定の時間帯は車両通行禁止となることもある

民と、同じ水源から真桑（まくわ）用水を引いていた対岸の農民との間で水の確保を巡る深刻な争いが起こった。この争論は一応の決着をみるのに200年近い年月を要しており、命をつなぐ水の重みを物語るエピソードとして語り継がれている。

現在の席田用水は、昭和19（1944）年の根尾川改修で糸貫川を廃川にし、根尾川を堰き止め水門を設けて糸貫川の流れを復元したものである。

5月から6月にかけて多くの人が席田用水沿いを訪れる。本巣市ほたる公園から市民スポーツプラザに至る1.5キロメートルの舗道が絶好の鑑賞ポイントで、数千匹のゲンジボタルが用水の上を乱舞して描く黄色い光跡は幻想的だ。昭和42（1967）年に旧本巣町は当時、全国でも珍しい「螢保護条例」を制定し、市民一丸となって席田用水およびホタル生息区域の環境保護活動に取り組んでいる。毎年、桜の頃には地元中学生による用水の清掃が行なわれている。

ホタルの名所を守るため地域全体で保護活動

現在ではホタルの名所としても知られており、

DATA 鉄道：樽見鉄道本巣駅から徒歩5分
車：東海環状自動車道大垣西ICから車で35分

◆席田用水と合わせて行きたい！オススメ周辺情報

淡墨公園（うすずみこうえん）

全国にファンがいる巨木・淡墨桜

樹齢1500余年ともいわれる淡墨桜のある公園。国指定の天然記念物で高さ約16メートル、幹囲約10メートルもある。散り際には淡い墨を引いたような独特の色合いになるのが特徴。

DATA ℡0581-34-3988（本巣市観光協会）所岐阜県本巣市根尾板所字上段995 交樽見鉄道樽見駅から徒歩15分 Pあり（開花中は普通車1台500円）MAP P190 A-3

富有柿の里いとぬき（ふゆうがきのさと）

富有柿を五感で楽しめる道の駅

「古墳と柿の館」では古墳群の出土品の展示や富有柿の歴史を学べる。隣接する「ふれあいセンター」では名産の柿を使ったジャムやドレッシングなど特産品も販売している。

DATA ℡058-323-7756（本巣市役所産業経済課）営9:00～17:00 休月曜 所岐阜県本巣市上保18-2 交樽見鉄道糸貫駅から徒歩15分 Pあり MAP P190 A-3

織部の里もとす（おりべのさと）

鉄道の駅を併設する珍しい道の駅

織部流茶道の創始者・古田織部生誕の地であることにちなんで名付けられた道の駅。織部駅が併設しており、地元の新鮮な農産物や特産物の販売のほか、レストランもある。

DATA ℡0581-34-4755 営8:30～17:00（レストラン11:00～15:00、喫茶8:30～16:00）休水曜 所岐阜県本巣市山口676番地 交名神高速道路大垣ICから車で50分 Pあり MAP P190 A-3

岐阜県飛騨市
せとがわようすい
瀬戸川用水 ❁

情緒豊かな城下町に溶け込み
色とりどりの鯉が優雅に泳ぐ農業用水

安土桃山時代に開田のため、増島城の堀の水を引いて築造された。色とりどりの錦鯉が泳ぎ、飛騨古川の情緒に不可欠な観光スポットになっている。

住職の進言で殿様が着工
堀の水を農地へ

天正13（1585）年からこの地を治めた武将金森可重（かなもりありしげ）が、福全寺住職の快存上人（かいそんしょうにん）の進言を受け、新田開発を目指して、増島城の堀の水を引いて石積みの「堀川」を築造したのが始まりとされる。

幅は約2メートル、長さは約500メートルある。

瀬戸川の名は、工事を監督した瀬戸屋源兵衛に由来する。川筋を境に西側に発展した町人街の裏手にあるため、背戸川とも呼ばれた。

戦後は水質悪化も
住民の手でかつての姿に

戦前はイワナが泳ぐほどの清流で、農業用水

疏水　岐阜県飛騨市　瀬戸川用水

としてはもちろん、飲料用にも用いられた。戦後は洗濯をしたり、野菜を洗ったりと地域住民の生活に欠かせない用水として活用されてきた。

しかし、高度経済成長期に入ったころから、水質が悪化し、ごみが投棄されることもあった。ごみの投棄を防ぎ、再び美しい瀬戸川を復活させたいという願いから、昭和43(1968)年に古川町の明治100年事業「街を明るく美しくする運動」の一環として住民らの寄付によって鯉が放流された。昭和50(1975)年には「瀬戸川を美しくする会」が発足し、美化に力を入れた。

こうした取り組みが功を奏し、かつての美しい姿を取り戻し、現在、夏は農業用水として、冬は流雪溝として利用されているほか、夏場の打ち水に使われたり、防火用水としての役割を果たしたりと、地域住民の春夏秋冬に欠かせない流れとなっている。

ちなみに現在放流されている鯉はおよそ1000匹で、冬は越冬池に引っ越し、春になると再び瀬戸川へ戻ってくる。

用水に沿って建ち並ぶ白壁の土蔵や寺院の石垣を背景に色とりどりの鯉が泳ぐ風景は情緒豊かで、城下町・飛騨古川の顔と言ってさしつかえない。

鯉の引っ越しの冬支度も終え、雪で白く染められた街並みは独特の風情がある

瀬戸川用水

DATA 鉄道：JR飛騨古川駅から徒歩5分
車：東海北陸自動車道飛騨清見ICから車で30分

◆ 瀬戸川用水と合わせて行きたい！オススメ周辺情報

黒内果樹園（くろうちかじゅえん）

飛騨の気候が育む格別フルーツ

飛騨りんごや飛騨桃を栽培する果樹園。昼と夜の気温差が激しい特有の気候が生み出すフルーツは、深い甘みが特徴。週末はりんご狩り体験を目当てに訪れる家族連れも多い。

DATA ℡0120-377-262 営9:00〜17:00 休不定休 料550円(入園料) 所岐阜県飛騨市古川町黒内446番地 交東海北陸自動車道飛騨清見ICから車で30分 Pあり MAP P190 A-2

宮川やな（みやがわ）

食べ応え十分の大きなアユ

清流・宮川で良質な藻を食べて育った大きなアユが名物。とりわけ川の美しい景色とせせらぎを感じられる座敷で堪能するアユは日本一の呼び声高い美味しさ。子どもにはアユのつかみ取りが喜ばれている。

DATA ℡0577-62-3055 営10:00〜15:00(8月中旬〜10月下旬ごろ) 所岐阜県飛騨市宮川町小豆沢 交北陸自動車道富山ICから車で40分 Pあり MAP P190 A-2

山中和紙 紙すき体験（さんちゅうわし かみ たいけん）

800年の歴史ある「山中和紙」に触れる

山中和紙の伝統技術を学ぶことができ、古くから地域に伝わる独特な方法の紙すき体験(500円)ができる。ナチュラルな風合が魅力で、山中和紙を使ったかわいい小物も販売。

DATA ℡0577-65-2912 営8:00〜17:00 休不定休 所岐阜県飛騨市河合町角川709いなか工芸館 交東海北陸道飛騨清見ICから車で40分 Pあり MAP P190 A-2

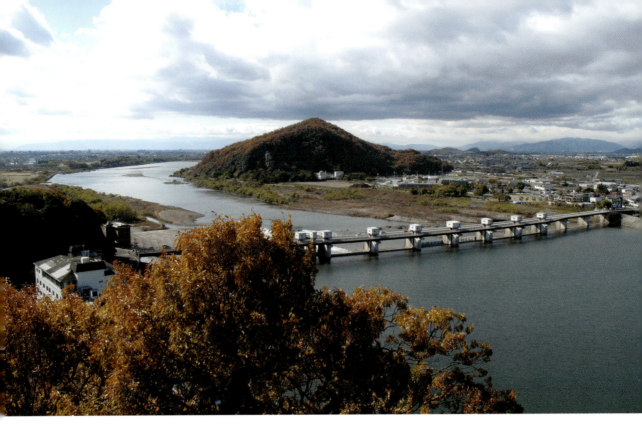

愛知県犬山市
のうびようすい・いぬやまとうしゅこう
濃尾用水・犬山頭首工

国宝犬山城を水面に映し 濃尾平野を潤す犬山頭首工

濃尾用水は木曽川を水源とし、愛知県と岐阜県にまたがる濃尾平野を潤している。犬山頭首工の水面には、白帝城と謳われる国宝犬山城の姿が美しく映り込む。

歴史ある3つの用水を 国営事業で近代化

濃尾用水は、木曽川を水源とする宮田、木津、羽島用水の3つの農業用水の総称で、愛知県と岐阜県にまたがる濃尾平野を潤している。1600年代初めに築かれた3つの用水は、大正時代になると木曽川における発電ダムの建設ラッシュなどの影響を受け、流心の変動や河床の低下が激しくなり、取水口や導入路の修理に莫大な労力と出費を強いられるようになった。取水の安定を図るため、昭和32（1957）年より事業費約52億円を投じた「国営濃尾用水農業水利事業」を実施。水路網の再編と農業水利施設の近代化が進められ、3つの用水の取水口を合口した犬山頭首工が昭和37（1962）年に完成した。

さらに、平成10（1998）年には「国営新濃尾農

地防災事業」に着手。完成から30年以上が経ち老朽化していた施設の改修工事が実施され、流域の洪水被害を軽減するために分流工の整備なども行なわれた。

地域住民から親しまれる都市近郊の田園空間

濃尾用水は名古屋市と岐阜市に挟まれた都市近郊にある広大な農業水利システムであり、地域住民にとって貴重な田園空間としての機能も有している。犬山頭首工の建設位置は国宝犬山城の直下とあって、堰堤の水面に犬山城の勇壮な姿が美しく映り込み、観光価値が増大するよう配慮されている。犬山頭首工の近くには桜並木が続き、巨木の桜の満開期の景色は圧巻だ。

受益地の中央を南北に流れる大江排水路の改修に当たっては、地域住民を対象としたアンケートやワークショップが開催され、住民の意見が整備方針に反映された。毎年11月にはNPO法人が中心となって、住民や企業、学生らが参加する清掃活動を継続的に実施している。

疏水　愛知県犬山市　濃尾用水・犬山頭首工

犬山頭首エライン大橋から犬山城と犬山橋が眺められる

濃尾用水・犬山頭首工

DATA
鉄道:名鉄犬山駅から車で8分
車:東海北陸自動車道岐阜各務原ICから車で25分

◆ 濃尾用水・犬山頭首工と合わせて行きたい！オススメ周辺情報

犬山城（いぬやまじょう）

日本最古の天守がそびえる

天文6(1537)年に織田信康によって築城されたとされる城。天守は現存する日本最古の様式とされ、小高い山の上に建てられた天守からは、美しい木曽川や岐阜の街並みが一望できる。

DATA ☎0568-61-1711（犬山城管理事務所） 営9:00～17:00（入場は16:30まで） 料550円 所愛知県犬山市犬山北古券65-2 交名神高速道小牧ICから車で25分 Pあり MAP P75

木曽川のうかい（きそがわ）

古くから受け継がれる夏の風物詩

1300年以上の歴史がある古典漁法を鵜飼観覧船から見物できる。暗い川の上で篝火を川面に映しながら、鵜匠が約10羽の鵜を巧みにあやつる姿は、多くの文化人からも愛された。

DATA ☎0568-61-2727 営6月1日～10月15日 料乗船料2600円（繁忙期は2900円） 所愛知県犬山市北白山平2番地先 交名鉄犬山遊園駅より徒歩3分 Pあり MAP P75

日本モンキーセンター（にほん）

世界でも珍しいサル類専門の動物園

世界最多種となる約60種900頭のサル類を飼育展示。動物園として日本唯一の登録博物館で、世界各国の珍しいサル類を学芸員のガイドやユニークな展示で楽しみながら観察できる。

DATA ☎0568-61-2327 営10:00～17:00（11～2月は～16:00） 休休園日は季節により変動 料600円 所愛知県犬山市犬山官林26番地 交中央自動車道小牧東ICから10分 Pあり(1000円) MAP P75

三重県多気郡多気町
たちばいようすい
立梅用水

貧しい農民を救おうと地士が立案
紀州藩を動かし、完成させる

農民の窮状を見かねた地士、いわば土着の武士が計画し、藩に直訴して完成させた農業用水として知られる。これにより一帯は豊かな農村へと生まれ変わり、地域活性化にも一役買っている。

構想から15年の苦節が実る
藩直営事業として築造

立梅用水は櫛田川（くしだがわ）から引かれた全長約30キロメートルの農業用水で、多気町の勢和地域、約430ヘクタールに恩恵をもたらしている。

このあたりは櫛田川よりも高い場所に位置するため、川の水を引き入れることができず、江戸時代後期まで農民は芋や雑穀で腹を満たす貧しい生活を強いられていた。

こうした窮状を見かねて立ち上がったのが丹生村の地士、西村彦左衛門である。大規模な農業用水路と新田開発を計画した彦左衛門は、私財をなげうち、嘆願書を提出するなどして12年をかけて紀州藩を説得。こうした彦左衛門の熱意が実り、紀州藩の直営事業として行なわれた

三重県多気郡多気町　立梅用水

疏水

工事は立案から15年後の文政6（1823）年に完成した。総工費は約1万2600両（現在の約40億円）、工事には約24万7000人の人足が従事した。

水路の完成によって、160ヘクタールあまりが良質な水田になり、村人の生活を豊かにした。

現在は農業用水のほか、防火や環境、発電用水としての役割も担い、地域住民の暮らしに浸透している。

平成26（2014）年には国の登録記念物、世界かんがい施設遺産に認定されている。

あじさいが咲き誇る毎年6月の第2日曜には、「彦左衛門のあじさいまつり」が開催され、立梅用水のボート下り、田んぼの綱引きなどのイベントが地域の人々に親しまれている。

上に上る。

立梅用水のボート下りは、あじさいまつりで実施され、親子の人気アトラクション

用水を彩る
3万本以上のあじさい

水や土の保全を目的に、平成5（1993）年に始まった「あじさいいっぱい運動」をきっかけに地域住民と土地改良区の共同作業によって、立梅用水や農道に沿って、あじさいが植えられ、その数は3万本以

恒例の「田んぼの綱引き」では、田園の中で綱引きが開催される

DATA
鉄道：JR栃原駅から車で12分
車：紀勢自動車道勢和多気ICから車で6分

◆ 立梅用水と合わせて行きたい！オススメ周辺情報

ふるさと屋

地域資源を活用した地域づくり

築300年の古民家、立梅用水建設の立案者西村彦左衛門生家を拠点に生活サポートサービスや生活サポートを支える事業、カフェなど交流の場として活用されている。

DATA ☎0598-67-5457　営見学9:00〜17:00、カフェ10:00〜15:00（営業日は要確認）休土・日曜、祝日　所三重県多気郡多気町丹生1620-3　交伊勢自動車道勢和多気ICから車で7分　Pあり　MAP P77

せいわの里 まめや

体にも優しい農村料理バイキング

農村文化の継承や農業の活性化のために村人が作った店。地元米や大豆、果実、山菜をふんだんに使った農村料理バイキングが好評。すべて手作りの体に優しい料理にこだわっている。

DATA ☎0598-49-4300　営10:00〜17:00（バイキングは11:00〜14:00）休木曜　所三重県多気郡多気町丹生5643番地　交伊勢自動車道勢和多気ICより5分　Pあり　MAP P77

元丈の館

癒しブームで人気の薬草足湯

徳川吉宗に仕えた医師・野呂元丈の功績を讃える施設。薬膳料理やハーブティーなどを提供する飲食スペースや約250種の薬草薬樹を栽培する公園もある。薬草を使った足湯（無料）を目当てに訪れる人も。

DATA ☎0598-49-3933　営9:00〜16:00（足湯は10:00〜16:00）休水曜　所三重県多気郡多気町波多瀬412-2　交伊勢自動車道勢和多気ICから車で20分　Pあり　MAP P77

滋賀県大津市／京都府京都市
びわこそすい
琵琶湖疏水 🌸

日本初の技術を結集し 京都の街に活力をもたらした疏水

琵琶湖疏水は明治維新後、戦禍で荒れた京都の街を復興しようと計画され、高度な土木技術を駆使して完成した。発電や水運、かんがい、上水道などに活用され、今も京都の暮らしを支え続けている。

事業用水力発電に 日本で初めて活用

琵琶湖疏水は琵琶湖の水を京都市内の広域にわたって引き込む水路で、すべての水路を合計すると約35キロメートルの長さがある。那須疏水(那須塩原市)、安積疏水(郡山市)と並び、日本三大疏水の一つに数えられる。

明治維新後の遷都により、急激に衰退した京都の街に活力を呼び戻すため、当時、府知事を務めていた北垣国道が復興の起爆剤として計画したのが始まりである。

明治23(1890)年に第一疏水、同45(1912)年に第二疏水が完成した。これによって、舟を使った物資の運搬が盛んになったほか、琵琶湖疏水のもたらす水は、それまで地下水に頼らざるを得なかった飲料水として、あるいは田畑の

滋賀県大津市／京都府京都市　**琵琶湖疏水**

かんがい、防火用水などとして多様な用途で活用されている。

日本初の事業用水力発電にも用いられ、新しい工場が建設されたり、日本で最初の電気鉄道が走り出すなど、京都発展の大きな推進力となった。

ちなみに琵琶湖から京都へは毎日約200万立方メートルもの水が送られている。

竪坑方式のトンネル工事など海外の最新技術が随所に

建設当時、土木工事の多くは外国人技術者の支援を受けることが一般的だったが、5年4カ月にわたった琵琶湖疏水の工事は、船を台車に乗せて移動させるインクラインなど海外の最新技術を導入しながらも、日本人だけの力で完遂された。

第一トンネルの工事で用いられた竪坑方式、鉄筋コンクリート橋、急速ろ過法を採用した蹴上浄水場など、琵琶湖疏水には日本初の施設が数多く存在することも特筆すべきである。

特に第一トンネルの長さは2436メートルもあり、多くの困難や犠牲を克服して完成した。

疏水べりの地面を固めるために植えられた桜や楓により、現在では多くの人がそぞろ歩く花の名所として親しまれている。

南禅寺境内を通過する風格ある水路閣

DATA
鉄道:京阪電気鉄道三井寺駅から徒歩2分
車: 名神高速道路京都東ICから車で10分

◆ 琵琶湖疏水と合わせて行きたい！オススメ周辺情報

三井寺（みいでら）

日本三銘鐘の一つ三井の晩鐘は必見

天台寺門宗の総本山。国宝の金堂をはじめ、釈迦堂や唐院などが並び、100点以上の国宝や重要文化財が保管される。三井の晩鐘は「音の三井寺」と呼ばれ、日本三銘鐘にも数えられている。

DATA TEL 077-522-2238　営 8:00～17:00　料 600円　所 滋賀県大津市園城寺町246　交 名神高速道路大津ICから車で10分　P あり　MAP P79

大津祭曳山展示館（おおつまつりひきやまてんじかん）

原寸大の曳山を常設展示

湖国三大祭の一つ大津祭を紹介する施設。原寸大の迫力ある曳山の模型や装飾品を展示し、壁面には祭りで賑わう街並みが再現され、お囃子の流れる館内でお祭りの雰囲気を味わえる。

DATA TEL 077-521-1013　営 9:00～18:00　休 月曜　所 滋賀県大津市中央1-2-27　交 名神高速道路大津ICから車で10分　MAP P79

おおつ近江米カレー（おうみまい）

個性が光るご当地カレー

大津市がPRするご当地カレー。「近江米」を使うこととアレンジで2度異なる味を楽しめることが定義で、市内のカフェやホテルなど20店舗以上が新感覚カレーを提供している。

DATA TEL 077-528-2756（大津市観光振興課）　所 滋賀県大津市内　HP http://www.otsu.or.jp/otsuomimycurry/index.html（提供店情報掲載）

京都府京都市

<small>いちのいせきとらくさいようすい</small>
一の井堰と洛西用水

5世紀に渡来した秦氏の時代から受け継がれる一の井堰と洛西用水

京都の観光名所、嵐山。ここで桂川をせき止めている一の井堰は美観のための堰ではない。京都の農業を支える農業用水を取り入れるための堰である。

大小10余りの古い堰を統合
嵐山の景観に欠かせない大堰

　京都市右京区の桂川にかかる渡月橋から上流を望むと、川幅いっぱいに長大な堰が置かれ、堰き止められた川の水際まで小倉山のこんもりとした樹林がせまる嵐山ならではの景観が目に映る。嵐山の景観に欠かせないこの堰が、昭和26（1951）年に完成した一の井堰（別名嵐山大堰）である。現在、一の井堰から取水し、左右両岸に広がる約200ヘクタールの農地に実りをもたらす延長約20キロメートルの農業用水路は洛西用水と呼ばれている。

　太秦の地名が残るように、この地域は5世紀後半に新羅から渡来した秦氏が農業を興した地とされている。秦氏が伝えた土木技術により、このころから農業用のさまざまな堰や用水路が

京都府京都市 一の井堰と洛西用水

情緒漂う街並みを優雅に流れる用水からは、癒しのせせらぎが聴こえる

築造された。5世紀末に現在の渡月橋下流に葛野大堰（かどのおおい）が造られて桂川右岸のかんがい用水を供給したことに始まり、左岸の二ノ井、やや下流の上ヶ郷井など大規模なものから中小まで10カ所余りの井堰が周辺に造られた。どれも戦後まで農業用水として使われたが、井堰は石組みや木組みの簡単な構造であったため老朽化と洪水被害などに伴う維持補修の問題が多発していた。そこで、京都府によりこれらの井堰を統合して渡月橋上流にコンクリート製の堰を新設し、両岸に幹線用水路を設置する改良工事が行なわれた。これが現在の一の井堰および洛西用水である。

京野菜の産地を形成
水面では優雅な三船祭も

桂川の左岸に1本、右岸に3本が伸びる幹線用水路の水は水稲以外に野菜栽培にも利用され、流域一帯は京野菜の産地を形成している。せき止められた桂川の水面では、平安時代に宇多上皇が嵐山を行幸した際、大堰川で行なわれた御船（みふね）遊びを再現する「三船祭」が毎年5月に行なわれる。新緑を背景に優雅な王朝絵巻が水上をあでやかに彩る。

春には川沿いに桜が咲き乱れ、上流に望む山々もピンクに色づき絶景が広がる

DATA 鉄道：京福電車嵐山駅から徒歩5分
車：名神高速道路京都南ICから車で48分

◆一の井堰と洛西用水と合わせて行きたい！オススメ周辺情報

渡月橋（とげつきょう）

誰もが認める嵐山のシンボル

嵐山の桂川に架かる橋で、月が渡る様子に似ていることからこの名が付いたとされる。現在の橋は昭和9（1934）年に架けられたもので、嵐山の自然に溶け込むように設計されている。

DATA ☎075-861-0012（嵐山保勝会）
所 京都府京都市右京区嵯峨天龍寺芒ノ馬場町40　交 名神高速道路京都ICから車で30分　MAP P81

天龍寺（てんりゅうじ）

池泉回遊式庭園にも風格漂う禅寺

世界文化遺産に登録されている京都五山第一位の寺。創建以来八度の大火に遭い、現在の諸堂は明治期に再建され、当時の原型を残す曹源池庭園は嵐山を借景した池泉回遊式が見事。

DATA ☎075-881-1235　営 8:30～17:30　料 庭園500円（諸堂参拝は300円追加）　所 京都府京都市右京区嵯峨天龍寺芒ノ馬場町68　交 名神高速道路京都ICから車で50分　P あり　MAP P81

嵯峨野トロッコ列車（さがのれっしゃ）

車窓から絶景鑑賞できる

トロッコ嵯峨駅からトロッコ亀岡駅まで片道7.3キロメートルを約25分で結ぶ。春の山桜や新緑、秋の紅葉、冬の雪景色と保津川渓谷の自然美はいつも色褪せることがない。

DATA ☎075-861-7444（テレホンサービス）　営 8:30～17:00　休 水曜　料 片道620円　所 京都府京都市右京区嵯峨天竜寺車道町　交 名神高速道路京都南ICから車で40分　MAP P81

御坂サイフォン

兵庫県三木市
たんざんそすい
淡山疏水

難所を越える「御坂サイフォン」
近代水道の父、英国人技師パーマーが設計

淡山疏水は印南野(いなみの)台地を125年にわたって潤し続けている。英国人技師が設計した日本初の大規模サイフォンが用いられている。

綿花から水稲へ転換するため計画

　淡山疏水は明治24(1891)年に完成した延長26.3キロメートルの淡河川(おうごがわ)疏水と大正4(1915)年に完成した延長11キロメートルの山田川疏水から構成される。印南野台地の2500ヘクタールの農地に水をもたらしている。

　印南野台地は万葉集の和歌にも詠まれるほど、古くから人々が暮らしてきた土地である。瀬戸内海に面する少雨地帯で、保水性に乏しい土質のため、先人たちはため池を造ってかんがい用水を確保し、綿花栽培を営んできた。

　しかし、海外から安価な綿が輸入されるようになり、稲作への転換を図ろうと疏水の築造が計画された。当初は山田川にダムを築く方法が検討されたが、工事費が増大するため、水源を

兵庫県三木市　淡山疏水

淡河川に変更。難所である志染川（しじみがわ）の上を当時最新工法だった逆サイフォンで横断させる工法が採用された。これが「御坂サイフォン」で、横浜市水道を設計・監督し、「近代水道の父」として知られるイギリス人技師ヘンリー・スペンサー・パーマーが設計・監督した。

山田川疏水の完成でさらに開田が進む

その後、新田開発に伴う用水不足を補うため、当初計画されていた山田川疏水も建設された。さらに平成4（1992）年度には淡山疏水を補完する国営東播用水事業でダムや水路が整備されている。

ちなみに三木市は酒造好適米の最高峰「山田錦」の日本一の産地として知られる。

淡山疏水やその関連施設が作り出す風景は平成15（2003）年に文化庁の「残すべき文化的景観」、同18（2006）年に農林水産省の「疏水百選」、「土木学会選奨土木遺産」、同26（2014）年に「世界かんがい施設遺産」に選ばれている。

明治期に造られた淡河川疏水のレンガ積み隧道

淡山疏水

DATA
バス：神姫バス御坂バス停下車徒歩5分
車：山陽自動車道三木東ICから車で3分

◆ 淡山疏水と合わせて行きたい！オススメ周辺情報

山田錦の館（やまだにしきのやかた）

日本酒ファンにはたまらない場所

山田錦の歴史を学べるミュージアムがあり、銘酒を試飲できる「おためし処　蔵」もある。朝採れ野菜が並ぶ直売所やレストラン、温泉施設もあり、おすすめ立ち寄りスポット。

DATA ☎0794-76-2401 営9:30～21:00 休月曜（祝日の場合は翌日） 所兵庫県三木市吉川町吉安222 交中国自動車道吉川ICから車で2分 Pあり MAP P189 B-2

道の駅みき（みちのえきみき）

金物のまちをグルメでもPR

古くから金物の産地として有名で「金物展示即売館」を併設し、連日一般客に限らず料理人も訪れている。特製の鉄鍋を使ったグルメも好評で、三木の特産品も幅広く取り扱っている。

DATA ☎0794-86-9500 営9:00～18:00（店舗により異なる） 休無休 所兵庫県三木市福井2426 交山陽自動車道三木・小野ICより車で5分 Pあり MAP P83

ネスタリゾート神戸（こうべ）

日本初のグランピングBBQ施設を満喫

快適でゴージャスなアウトドアを楽しめる「近未来リゾート」がコンセプト。三木の大自然が一望できる最高のロケーションのなか、非日常的なオシャレな雰囲気を味わえる。

DATA ☎0794-83-5211 営11:00～21:00（グランピング&BBQ） 料タイプにより異なる 所兵庫県三木市細川町垂穂894-60 交山陽自動車道三木東ICから車で2分 Pあり MAP P83

和歌山県紀の川市
おだいようすい
小田井用水

紀の川右岸の河岸段丘を300年間潤し続ける用水路

紀州藩は米の増収を図るため、藩士の大畑才蔵に河岸段丘上部の山すそに用水開削を命じた。大畑は卓越した測量技術と指導力を発揮、たった1年で難工事を完了させた。

紀州藩主徳川吉宗が
大畑才蔵に任せた開削工事

　小田井用水は、和歌山県北部に位置し、現在、紀の川右岸の河岸段丘に広がる水田約610ヘクタールを潤す長さ約30キロメートルの用水路である。
　小田井用水ができるまで、この地域のかんがいは山からの沢水やため池に頼っていたが、常に水不足に悩まされていた。江戸時代、財政事情の厳しい紀州藩は米の増収を図り藩政改革を進めるため、紀の川の水を利用する大規模な新田開発を計画した。用水路工事はまず藤崎用水の開削から始められ、元禄13（1700）年、5年の工期の末24キロメートルが完成した。続いて宝永4（1707）年、藩主徳川吉宗（のちの8代将軍）は、藤崎用水で手腕を振るった大畑才蔵

疏水

和歌山県紀の川市 小田井用水

幾度もの改修を経て完成した小田井堰

に命じ、小田井用水の開削工事を任せた。

正確な測量に基づく工事指示書
農民も協力して難工事を克服

　小田井用水は、紀の川右岸の複雑な等高線を巡るように開削された。途中にあるいくつもの小河川の谷間と交差させる難工事であったが、才蔵は渡井（水路橋）や伏越（サイフォン）による立体交差で克服した。しかも21キロメートルに及ぶこの第一期工事区間をわずか1年たらずで完了させたことは特筆される。

　才蔵は用水路開削のため土木技術を研究し、元禄10（1697）年には「水盛台」という独自の測量器具を考案、5000分の1という非常に緩やかな水路勾配の精密測量にも見事に対応した。彼が記した『才蔵日記』には正確な測量に基づく工事指示書が残されている。わずか1年で工事を完了できたのも、この指示書に従い農民が協力して一斉に作業を進めたからにほかならない。

　小田井用水の完成により1000ヘクタールの新たな水田が開発された。その後、渡井に使われていた木製の掛樋は大正時代に石造りレンガ貼りのアーチ橋に改修され、今日まで300年にわたって農業用水を流し続けている。

DATA
鉄道：JR西笠田駅から徒歩15分
車：京奈和自動車道紀の川東ICから車で10分

◆小田井用水と合わせて行きたい！オススメ周辺情報

めっけもん広場（ひろば）

日本トップクラスの品揃えが自慢

国内有数の規模を誇る直売所。地元農家の協力のもと、年間を通して品揃え豊富で、野菜や果物を安く販売している。休日になると、開店前に県外からの買い物客の行列ができる。

DATA ☎0736-78-3715 営9:00～17:00 休第1火曜、盆、正月 所和歌山県紀の川市豊田56番地3 交京奈和自動車道紀の川ICより5分 Pあり MAP P189 B-2

桃源郷（とうげんきょう）

桃を五感で楽しめる町

全国的にも有名な「あら川の桃」の産地。春には「ひと目十万本」といわれる桃畑が開花し、辺り一面がピンク色に染まる。夏は桃が実り、町全体が桃の甘い香りに包まれる。

DATA ☎0736-66-1259（あら川の桃振興協議会）所和歌山県紀の川市桃山町段新田百合 交JR和歌山線下井阪駅から徒歩15分 MAP P189 B-3

青洲の里（せいしゅうのさと）

江戸時代の診療風景を再現

江戸時代の外科医・華岡青洲の功績を紹介する。住居兼診療所の「春林軒」を復元し、貴重な資料を展示している。地元野菜を使った料理が味わえるランチバイキングも併設されている。

DATA ☎0736-75-6008 営9:00～17:00（11～2月9:00～16:00）休火曜（祝日の場合は翌日振替）料600円 所和歌山県紀の川市西野山473 交京奈和自動車道紀の川東ICより車で10分 Pあり MAP P85

河原頭首工

鳥取県鳥取市
おおいでようすい
大井手用水

関ヶ原の戦いの後に造られた地域生活を支える大規模な用水路

関ヶ原の戦いで領地を得た亀井茲矩が、高草郡に築いた大規模な用水路。農業や防火、融雪などさまざまな役割を担い、地域住民の暮らしを支え続けている。

馬に乗って現地を見回り足跡で用水の位置を決定

　慶長5（1600）年、関ヶ原の戦いで東軍（徳川家康方）に味方した亀井茲矩（かめいこれのり）は戦後に因幡の平定を命じられ、高草郡（たかくさごおり）の2万4000石を加封された。亀井茲矩は新しく領地になった高草郡を見て、荒地や畑地が多い上、水利の便に乏しく毎年のように干害に苦しんでいることから、この地に大規模な用水路が必要だと痛感。慶長7（1602）年から7年の歳月をかけて、大井手用水を開削した。馬に乗って現地を見回り、その馬蹄の跡を大井手用水の流域にしたとされる。

　大井手用水路は開削以来、400年にわたって滔々と流れ続け、593ヘクタールの水田を潤し、地区の1350戸に及ぶ農家の生活を支えてい

る。古くから「亀井さんのおおいで」と呼ばれ、地域住民に親しまれてきた。現在、大井手用水は一級河川に認定されて「大井手川」となり、農業用水のみならず防火用水、融雪用水、環境用水、生態系保全用水などさまざまな役割を担っている。また、治水においても大きな役割を果たしている。

用水の歴史や役割を学び初夏にはホタル観賞も

現在では、大井手川の歴史や役割を地域の人たちに知ってもらうため、大井手土地改良区が中心となってさまざまな事業を開催している。地元小学生が取水施設の見学や地域学習を行なう「大井手探検隊」事業や、地域の人たちからの要望で行なう「大井手探訪」などが続けられている。

初夏には大井手川にホタルが飛び交うことから、一般公募参加によるホタル鑑賞会を開催。近年減少したホタルを増やすため、大井手川で採取したホタルの卵を孵化させて幼虫を大きくしてから放流する活動に、地元小学校と協力し

農業用水だけでなく、防火や融雪など市民生活に幅広く利用されている大井手用水

ながら取り組んでいる。

大井手用水

DATA
鉄道:JR河原駅から車で5分
車:鳥取自動車道鳥取南ICから車で5分

鳥取県鳥取市　大井手用水

疏水

◆ 大井手用水と合わせて行きたい！オススメ周辺情報

鳥取砂丘（とっとりさきゅう）

雄大な眺めと風紋が美しい

千代川の流砂と大山の火山灰と風が造り上げた東西16キロメートル、南北2.4キロメートルに広がる砂丘。風速5〜6メートルの風が形成する「風紋」はどれだけ見ていても見飽きることがない。

DATA TEL 0857-39-2111（鳥取県観光連盟）所 鳥取県鳥取市福部町湯山 交 鳥取自動車道鳥取ICから車で20分 P あり（1台500円）MAP P189 B-2

湖山池（こやまいけ）

春のかすんだ湖面も幻想的

千代川の砂が堆積してできた池。池の中には5つの島が浮かび、春は湖面がかすんで見えることから「霞湖」とも呼ばれている。県の無形民俗文化財の「石がま漁」もこの池で行なわれる。

DATA TEL 0857-31-2900（湖山池情報プラザ）所 鳥取県鳥取市高住 交 JR鳥取駅から車で20分 P あり MAP P189 B-2

樋口神社（ひぐちじんじゃ）

大井手川の守り神を祀る

大井手川用水の取水口付近にある神社。ご神体は市杵島姫命（七福神 弁財天 水の神様）と保食神（五穀豊穣の神）で、昔は大井手川から恩恵を受ける農業者全員が氏子となっていた。

DATA TEL 0857-20-3367（鳥取市教育委員会文化課）所 鳥取県鳥取市河原町河原2 交 JR河原駅から徒歩29分 MAP P87

島根県出雲市
たかせがわ
高瀬川 ❀

江戸時代には高瀬舟が往来
地域の物流にも貢献した農業用水

島根県出雲市の高瀬川はおよそ330年前に斐伊川を水源に造られ、地域のかんがいや物流を支えた。取水口で、水位調節の役割も担う来原岩樋は国内最古級の閘門式構造を有して学術価値が高い。

明治時代は染物業者が のり落としに活用

　高瀬川は出雲市大津町の来原岩樋から旧大社町荒木地区まで、市街中心部を東西に流れる全長約12キロメートルの水路。斐伊川から取水し、出雲平野の約650ヘクタールの農地を潤している。

　貞享年間（1684〜1688年）に松江藩の命を受けた大梶七兵衛（おおかじしちべえ）が私財を投じて完成させた。

　江戸時代には農業用水を供給するだけでなく、農作物などを運搬する河川舟運も盛んで、水深が浅いため、底が平らで軽く、喫水の浅い高瀬舟と呼ばれる木造小型船が行き交っていた。

　藩政時代になると、川沿いに染物業者が軒を

疏水

島根県出雲市　高瀬川

連ね、高瀬川の流れを利用して、藍染めに使ったのりを落とした。

3段のゲートを上下させ水位を調整

取水口である来原岩樋は平成26（2014）年に土木学会選奨土木遺産に認定された。

これは岩山に穴を掘って造られたもので、大梶七兵衛が高瀬川を開削した当初は木樋が使われていたが、洪水のたびに壊れてしまうため、元禄13（1700）年に松江藩が造ったとされる。岩樋の規模は幅約2.6メートル、高さ約4.2メートル、長さ約9.1メートルとなっている。

来原岩樋は取水だけでなく、高瀬舟が斐伊川と高瀬川を往来する連絡路としての役割も担っていた。斐伊川は天井川で、高瀬川とは水位に大きな差があったため、3段のゲートを上下させることで、水位を調整しながら船を通す「閘門式構造」が採用されている。国内に現存する運河閘門としては最古級となる。昭和54（1979）年には電動式水門に改修されている。

現在、河畔にはヤナギ並木が続き、絶好の散策スポットとなっているほか、春は流しびな、お盆には灯籠流しが行なわれ、身近な水辺空間として市民に親しまれている。

祖先の霊を慰め、先人を讃えるために行われる灯籠流し

DATA
鉄道：JR出雲市駅から徒歩5分
車：山陰自動車道出雲ICから車で25分

◆ 高瀬川と合わせて行きたい！オススメ周辺情報

出雲大社（いづもおおやしろ）

縁結びの神社といえばココ

大国主大神を祀る神社。旧暦の10月（神在月）になると全国の神様が出雲の地に集い、さまざまな縁を結ぶ会議が開かれることから、縁結びの神社として知られる。本殿は日本最古の神社建築形式とされる大社造り。

DATA ☎0853-53-3100 営6:00～20:00 所島根県出雲市大社町杵築東195 交山陰自動車道出雲ICから車で15分 Pあり MAPP189 A-2

宍道湖（しんじこ）

日本百景の美しき湖

水の都・松江を象徴する宍道湖は、とりわけ夕日が美しい。全国で7番目の大きさを誇る湖で、日本を代表する100の景勝地、日本百景の一つ。有数の水鳥の渡来地であり、240種類以上の鳥類が生息している。

DATA ☎0852-27-5843（松江観光協会）所島根県出雲市園町周辺 交山陰自動車道松江西ランプから車で10分 MAPP189 A-2

出雲日御碕灯台（いづもひのみさきとうだい）

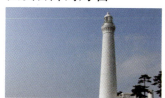

日本海を見下ろす白亜の灯台

明治36（1903）年に初点灯された白亜の灯台が青い海と空に映える。外壁石造りで高さは43.65メートルあり、長いらせん階段を上がれば360度のパノラマの眺望が楽しめる展望台がある。

DATA ☎0853-54-5341 営9:00～16:30 所島根県出雲市大社町日御碕1478 交山陰自動車道宍道ICから車で50分 Pあり MAPP189 A-2

岡山県倉敷市
たかはしがわとうざいようすい・しゅはいすいしせつ
高梁川東西用水・取配水施設

水を巡る不毛の争いに明け暮れた高梁川下流の干拓地

明治期、高梁川下流域の干拓地は水を巡る不毛の争いに明け暮れた。原因は干拓地ごとに用水の取水口を造ったことによる水利慣行の違いにあった。

国内最大級の配水樋門
春は桜の名所の酒津公園

　高梁川東西用水・取配水施設は倉敷市の酒津公園内にある。当時の最新技術を駆使して大正14（1925）年に完成した。現役の樋門としては国内最大級で、酒津取水樋門、南配水樋門、北配水樋門で構成される一括取水・配水施設である。

　樋門は鉄筋コンクリート造りでありながら花崗岩を飾りにあしらい、端麗で、大正モダニズムを漂わせる。南配水樋門のアーチ状15連ゲートから5つの水路に滔々と水が流れ出る光景は力強く壮観である。周辺は親水公園として整備され、四季を通じて市民に安らぎと憩いの場を提供している。春は「さくらの名所」として多くの花見客が訪れて賑わう。

岡山県倉敷市　高梁川東西用水・取配水施設

疏水

干拓地ごとに異なった取水口
統合で平等に分配

　倉敷市一帯は高梁川が運ぶ多量の土砂と、明治時代の末までの約300年にわたる干潟干拓によってできた土地である。高梁川下流域はたびたび洪水にも襲われたが、降雨量が少ない気候のため慢性的な水不足に悩まされた。干ばつが発生するたびに繰り返された水争いは、干拓の時期や位置関係によって明暗が分かれる複雑な水利慣行が原因した。こうした下流域の「水」の問題を背景に明治16（1883）年頃から高梁川改修を望む声が次第に高まった。

　明治44（1911）年、高梁川改修工事が国の治水利水事業として行なわれることが決まり、酒津の上流部にある小田川合流点付近で東高梁川と西高梁川の2本に分流していた流れを西高梁川に合流させる大工事が始まった。14年間に及ぶこの改修工事により、それまで干拓地開発の進展に伴って次々に設置されてきた11個の取水口も統合され、水の平等分配システムが完成したのである。

　工事の完成からすでに90年、洪水も争いもなくなり、高梁川下流域には安定した農業用水が供給されている。

利便性とデザイン性を兼ね備えた樋門

高梁川東西用水・取配水施設

DATA　鉄道:JR倉敷駅から車で10分
車:山陽自動車道倉敷ICから車で11分

◆ 高梁川東西用水・取配水施設と合わせて行きたい！オススメ周辺情報

倉敷美観地区（くらしきびかんちく）

時代劇にもよく登場する街並み

白壁土蔵のなまこ壁や格子窓の町家が並び、江戸時代に物資輸送の集散地として栄えた伝統を受け継ぎながら、現代の暮らしに調和した美しい街並みが残る。岡山屈指の人気観光スポット。

DATA　☎086-426-3851（倉敷市教育委員会文化財保護課）所岡山県倉敷市　交JR倉敷駅から徒歩15分　MAP P91

児島ジーンズストリート（こじま）

日本ジーンズの聖地といえばココ

明治時代から繊維産業が盛んな児島地区は、市や地元メーカーがジーンズショップを積極的に誘致し、ジーンズの聖地となった。今はカフェや飲食店も含め約40店舗も集結している。

DATA　☎086-472-4450（児島ジーンズストリート推進協議会事務局）営店舗により異なる　休店舗により異なる　所岡山県倉敷市児島味野　交瀬戸中央自動車道児島ICから車で10分　Pあり　MAP P189 A-2

岡山後楽園（おかやまこうらくえん）

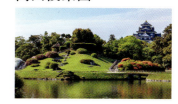

歴代の藩主に愛された庭園

日本三名園の一つに数えられる回遊式庭園。その美しさは「ミシュラン・グリーンガイド・ジャポン」で三ツ星に認定されるほど。「烏城」と呼ばれる岡山城を望める。

DATA　☎086-272-1148　営7:30～18:00（季節により変動あり）料400円　所岡山県岡山市北区後楽園1-5　交山陽自動車道岡山ICから車で20分　Pあり（1時間につき100円）MAP P189 B-2

岡山県岡山市
くらやすがわとよしいすいもん
倉安川と吉井水門

農業用水と運河を兼ねた高瀬舟が行き交う用水路

岡山県岡山市の倉安川は、17世紀後半に造られた全長約20キロメートルの用水路である。取水口に造られた吉井水門は日本最古の閘門として、往時の姿を残している。

岡山藩主の命で造られた日本最古の閘門と水路

倉安川は17世紀後半に、岡山藩主が津田永忠に命じて造った全長約20キロメートルの用水路だ。約2000ヘクタールの水田干拓地へ送水する農業用水路としての機能と、上流の農産物や薪炭などを高瀬舟で岡山城下へ運ぶ運河としての機能を兼ねて造られた。吉井川の倉安川吉井水門から、旭川の岡山城付近までを結んでいる。

倉安川の掘削には、川を堰き止める井堰造り・水門造り・水路造りの3つの工事が行なわれていて、いずれも大規模であるうえに、高瀬舟の運行をも図っており、他の地域での水路造りとは大きく異なった特徴を持つ。水位の異なる吉井川と倉安川に船を通すため、2つの水門で

岡山県岡山市 倉安川と吉井水門

水位を調整する閘門式水門を採用。吉井川堤防に「一の水門」、倉安川側に「二の水門」、その間に水路を広くとった「高瀬廻し」と呼ばれる船だまりを造り、2つの水門によって水位の調節を行なうことで船の行き来を容易にする工夫が施されている。

往時の姿と技術力を今に伝える歴史遺産

現在の吉井水門には、堤防に造られた取水口と船だまりや、倉安川への出口が残っており、特に船だまりの高い石垣の景観は圧巻。完成以来約340年の間、数々の洪水に遭遇しながらも一度も決壊をせず、往時の姿そのままで現存していることが、当時の土木技術の高さを証明している。

道路交通の発達につれ倉安川を行き来する舟運は途絶えたが、かんがい用水として今も重要な役割を果たしている。航行の目印となる明かりを灯した常夜灯や、五角形の石塔でできた「地神様」は現在も残され、地域の歴史を後世に伝えるかけがえのない文化財でもある。

石垣で造られた国内最古の閘門は、約340年崩れることなく完璧な姿で現存する

かつて舟運で栄えた倉安川は、今も貴重な用水路として街に溶け込んでいる

倉安川と吉井水門

DATA
バス：宇野バス吉井バス停から徒歩10分
車：山陽自動車道山陽ICから車で30分

◆倉安川と吉井水門と合わせて行きたい！オススメ周辺情報

岡山城（おかやまじょう）

「烏城」と呼ばれるモダンな城

外壁は黒塗りなことから別名「烏城」と呼ばれ、慶長2(1597)年に宇喜多秀家が築城した。天守閣は戦災で焼失。昭和41(1966)年に再建された。天守閣内では備前焼体験や着付け体験もできる。

DATA ☎086-225-2096 営9:00～17:30(入場は17:00まで) 所岡山県岡山市北区丸の内2-3-1 交山陽道岡山ICから車で20分 Pなし MAP P189 B-2

おかやまデミカツ丼（どん）

意外な組み合わせにビックリ！

岡山名物のデミカツ丼は一般的な卵とじのカツ丼に対し、マイルドなデミグラスソースが揚げたてのカツの上にたっぷりかかっている。店によって味も異なるので食べ比べてみるのも楽しい。

DATA 所岡山県岡山市など HPhttp://okayama-demikatsudon.net/about.html

操山散策（みさおやまさんさく）

市街地に残されたオアシス

岡山駅、倉安川の北から東へ後楽園を挟んで3キロメートルに操山がある。操山には古墳や史跡が多く残されており、また里山を肌で感じることのできる学びの施設「操山公園里山センター」がある。

DATA ☎086-270-3308（操山公園里山センター） 営8:30～17:00 休火曜 所岡山県岡山市中区沢田649-2 交山陽自動車道岡山ICから車で25分 Pあり MAP P189 B-2

広島県福山市
あしだがわようすい
芦田川用水

慢性的な水不足を解消し
地域の特産物を育てる用水

広島県福山市は雨の少ない瀬戸内海気候のため、古くから水不足にあえいできた。慢性的な水不足を解消したのは芦田川用水であり、豊かな流れは地域特産品の産みの親となった。

100年に一度の洪水や
塩害も視野に練られた計画

　広島県の東南端に位置する福山市は、瀬戸内海に注ぐ芦田川の河口に広がる中核市。温暖少雨な瀬戸内海気候のため、古来より慢性的な水不足に悩まされてきたが、昭和34（1959）年度完成の農業用・三川ダムをはじめ芦田川下流においては昭和32（1957）年から昭和46（1971）年にかけて行なわれた国営付帯県営かんがい排水事業により芦田川用水が築造され、水不足が飛躍的に解消された。
　芦田川用水は、福山市駅家町の七社（ななやしろ）頭首工から取水し、福山市一円の約1725ヘクタール（完成当時）に配水する用水路だ。七社頭首工をはじめ、分水工2カ所、サイフォン工2カ所などが整備され、延長は約19キロメー

疏水 広島県福山市 芦田川用水

トルに及ぶ。

　芦田川の治水計画は水不足の解消だけでなく、100年に一度発生するとされる洪水や、海水が遡上することによって起きる塩害も視野に入れて練られており、水害から地域を守るために欠かせない存在となっている。

市民の暮らしや農業を支え憩いの水辺空間も創出

　現在、芦田川の流域では水稲のほか、クワイやホウレンソウなど全国的にも有名な特産物が生産されている。

　近年は、周辺小学校の児童たちが農業体験を通じて、芦田川用水の恵みを学ぶ機会も多い。芦田川から引水して整備された蓮池公園は、憩いと潤いを提供する水辺空間として多くの市民に親しまれている。

歴史的には江戸の神田上水に次いで古いのが福山の上水道設備であり、蓮池は貯水池として築造され、福山城下の広大な新田干拓による農地をも潤した

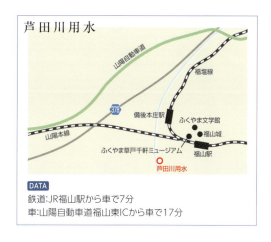

DATA
鉄道：JR福山駅から車で7分
車：山陽自動車道福山東ICから車で17分

◆芦田川用水と合わせて行きたい！オススメ周辺情報

ふくやま文学館

福山ゆかりの文学者の生涯に迫る

福山市名誉市民の作家・井伏鱒二や福原麟太郎、小山祐士などゆかりある文学者の生い立ちや代表作などを紹介している。井伏鱒二の書斎を再現した展示室や作品の資料が揃う。

DATA ☎084-932-7010　営9:30～17:00　休月曜　料300円　所広島県福山市丸之内一丁目9番9号　交山陽自動車道福山東ICから車で20分　Pあり　MAP P95

福山城

歴代藩主の生き様を伝える

水野勝成が領主となり元和8（1622）年に築城。5層の天守閣は焼失したが昭和41（1966）年に再建され、現在、郷土博物館として歴代藩主の遺品や甲冑など武器武具を展示している。

DATA ☎084-922-2117　営9:00～17:00　休月曜　料200円　所広島県福山市丸之内一丁目8　交山陽自動車道福山東ICから車で20分　P美術館、文学館の駐車場（1時間まで無料、以後30分につき100円）　MAP P95

ふくやま草戸千軒ミュージアム

消滅した草戸千軒の姿を伝える

福山城公園内にある歴史博物館。中世の港町として栄え、川底に沈む草戸千軒町の遺跡調査の成果を公開している。当時の町並みを実物大で再現した展示エリアは見応えがある。

DATA ☎084-931-2513　営9:00～17:00　休月曜　料290円　所広島県福山市西町2-4-1　交山陽自動車道福山東ICから車で20分　Pあり　MAP P95

山口県萩市

藍場川（大溝）

6代萩藩主の英断が生んだ疏水
城下町・萩の発展を支える

江戸時代中期から萩の農業用水や生活用水、川舟用の水路として利用されてきた疏水が藍場川（大溝）だ。今も残る洗い場や石橋に当時の様子が垣間見える。

藩営藍染めの染料で
染まったことが疏水の名に由来

　藍場川は延享元（1744）年に既存の農業用水を拡張し、延長して造られた2.6キロメートルの用水路である。阿武川の支流である松本川から取水され、川島・橋本町・江向（えむかい）・平安古（ひやこ）の4地区を縫うように流れる。萩藩6代藩主・毛利宗広が、参勤交代のために備前岡山に立ち寄った際、倉安川という大きな溝に引き入れた水が城下の経済や生活に役立っているのを見て、開削を計画した。工事では、既に川島から江向あたりまで引かれていた農業用水路を広げ、これに続けて江向から平安古まで新たに溝を造った。江戸時代は「大溝」と呼ばれ、農業用水や防火用水、川舟による物資の運搬など、さまざまなかたちで城下の生活に利用された。明

疏水

山口県萩市　藍場川（大溝）

江戸屋横町には維新の三傑の一人、木戸孝允の旧宅などが残っている

和年間（1764〜1771年）に、大溝の下流の江向に藩営の藍玉座（藍色の染料の製造所）が設置され、川が藍色に染まったことから、いつしか「藍場川」と呼ばれるようになったと言われている。

ハトバや石橋が当時の面影をとどめる

川沿いの家や道路にはハトバと呼ばれる水面まで下りる石段がいくつも設けられ、野菜の洗い場などとして利用された。川舟が通りやすいように石橋は中央部が高く作られた。ハトバや石橋は今なおたくさん残されており、かつての城下町の生活を偲ぶことができ、川沿いは歴史的景観保存地区に指定されている。最上流にある旧湯川家屋敷では、川の水を屋敷内に引き入れて流水式の池水庭園で利用し、池から流れ出た水は家の中に作られたハトバで家庭用水として使われた後、再び川に戻るという藍場川沿いの民家として典型的な水利法を見ることができる。昭和47（1972）年に川島地区の有志が藍場川に鯉を放流したことをきっかけに、たくさんの鯉が泳いでおり、明治維新の町・萩の原風景に彩りを添えている。

DATA バス：萩循環まぁーるバス藍場川入口バス停から徒歩10分　車：小郡萩道路絵堂ICから車で20分

◆ 藍場川（大溝）と合わせて行きたい！オススメ周辺情報

萩・明倫学舎
（はぎ・めいりんがくしゃ）

歴史ある木造校舎を改修

萩藩の教育の場として、全国屈指の規模を誇った藩校明倫館。その跡地に観光起点「萩・明倫学舎」がオープン。レストランやおみやげショップも開設され、萩の魅力を存分に感じられる。

DATA TEL 0838-21-0304（萩・明倫学舎）営 9:00〜17:00 料 本館は無料、2号館は300円 所 山口県萩市江向602番地 交 小郡萩道路絵堂ICから車で20分 P あり（310円） MAP P97

萩元気食堂
（はぎげんきしょくどう）

萩の食材を心ゆくまで味わう

萩市民館にある食堂。地産地消メニュー「萩の食菜バイキング」（800円）は、萩産の野菜を中心とした料理が揃う。郷土料理「ちしゃなます」や「わけぎぬた」も提供している。

DATA TEL 0838-26-3535 営 11:00〜14:00 所 山口県萩市江向495番地4 交 JR東萩駅から車で5分 P あり MAP P97

明治日本の産業革命遺産
（めいじにほんのさんぎょうかくめいいさん）

産業の近代化に挑んだ萩の遺産群

日本の産業の発展を物語る遺産。全国23の構成資産のうち、産業化初期の資産5つが萩に残る。萩反射炉や恵美須ヶ鼻造船所跡など産業遺産巡りで先人の知恵と苦労を学ぶのも楽しい。

DATA TEL 0838-25-1750（萩市観光協会）所 山口県萩市

池田ダム

徳島県三好市
よしのがわほくがんようすい
吉野川北岸用水 ✿

河岸段丘の農地に恵みの水
吉野川総合開発事業

吉野川北岸の農地は水不足に悩まされてきた。ところが上流に大雨が降れば一転して洪水に襲われた。長年の水の問題を解決したのが吉野川総合開発事業だった。

干ばつと洪水を繰り返した
吉野川北岸地域

「四国三郎」の異名をとる吉野川は、高知県の瓶ヶ森山を源に中央構造線に沿うように徳島平野を東流し紀伊水道へ流れ込む全長194キロメートルの河川である。流域は四国4県にまたがり、上流域に大雨が降れば一挙に徳島平野に押し寄せて大水害をもたらした。

この吉野川と讃岐山脈とに挟まれた東西約70キロメートルの細長い平野は吉野川北岸地域とも呼ばれ、瀬戸内式気候特有の日照時間が長く雨が少ないことから、古来、麦、たばこ、さとうきび、藍など畑作物中心の農業が行なわれた。たびたび干ばつに襲われ、「月夜に雲雀が足を焼く」という諺さえ残る。しかも河岸段丘上にあるため、近くを流れる吉野川の水も容

徳島県三好市 吉野川北岸用水

易に使えず、農業用水の確保に長く悩まされてきた。

吉野川北岸の水不足対策としては、明治時代に国の補助制度を使い板名用水や麻名用水が造られている。しかし吉野川にいったん洪水が起こればひとたまりもなかった。干ばつと洪水を繰り返す吉野川北岸の「水」の問題は、この地域だけで解決できるものではなかった。吉野川流域全体の調整が必要だったのである。

四国四県が受益 大規模な国営事業

こうした背景のもと、昭和23（1948）年に吉野川水系の総合開発計画が持ち上がった。4県が絡む政治的な駆け引きが続いたのち同41（1966）年に決着をみたのが「吉野川総合開発事業」である。早明浦ダムの建設と高知分水、支流の銅山川からの愛媛分水、池田ダムの建設と香川用水の開削、徳島は吉野川北岸用水の建設が決まった。同46（1971）年、待ち望んだ吉野川北岸農業水利事業が着工された。18年の歳月をかけて主幹用水路が池田ダム湖の取水口より河岸段丘地70キロメートルを縦断し、その上を水が噴流した。受益面積6860ヘクタールに及ぶ大規模な国営事業であった。

池田ダムにある吉野川北岸用水の取水口

DATA
鉄道：JR阿波池田駅から車で7分
車：徳島自動車道井川池田ICから車で6分

◆吉野川北岸用水と合わせて行きたい！オススメ周辺情報

うだつの町並み（池田町、脇町）

商家の繁栄を象徴する2つの町

吉野川の水運に恵まれ、江戸時代に藍商人の積み出し港として栄えた池田町と脇町。富の象徴だった防火壁「うだつ」や格子戸、白壁の土蔵が当時のまま残され、町並みは豪勢な雰囲気が漂っている。

DATA ☎088-652-8777（徳島県観光協会）所徳島県美馬市脇町大字脇町／徳島県三好市池田町本通 交徳島自動車道脇町ICから車で10分／徳島自動車道井川池田ICから車で5分 MAP P189 A-3

大歩危小歩危

2億年かけて創られた自然の彫刻

吉野川の激流によって2億年の時をかけて創られた約8キロメートルの峡谷。その美しさは大理石の彫刻に例えられ、桜や紅葉が峡谷を彩り、一年を通して絶景が眺められる。スリル満点のラフティングも大人気。

DATA ☎0120-404-344（三好市観光案内所）所徳島県三好市山城町重実～上名 交徳島自動車道井川池田ICから車で30分 MAP P189 B-3

うどん さぬきや

吉野川を眺めながら味わう

清流吉野川を見下ろす高台のうどん屋。昔ながらの職人の技で作り上げたうどんはコシが強く、昆布やいりこ、かつおから取った特製のだしで食べると格別のおいしさ。美しい景観が楽しめる窓際の席がおすすめ。

DATA ☎0883-72-5125 営9:30～20:00（11～2月は9:30～19:00）所徳島県三好市池田町州津藤の井540-1 交徳島自動車道井川池田ICから車で15分 Pあり MAP P189 A-3

高知県四万十市
しかむらみぞ
四ヶ村溝

のどかな田園地帯に水車とあじさいが映える

四万十川支流から水を引く高知県四万十市の四ヶ村溝には、かつては水車が回るのどかな光景が見られた。現存する水車群は「安並水車の里」に集約され、村の歴史と文化を今に伝えている。

4つの村を潤した用水路
儒学者、野中兼山が開設

　高知県四万十市には、「四ヶ村溝の水車」の愛称で親しまれた懐かしい田園風景が残る場所がある。

　四ヶ村溝は、江戸時代の初め、儒学者で土佐藩の重臣、野中兼山(1615-1663)が四万十川の支流である後川の麻生に分水目的の井堰を設け、秋田村、安並村、佐岡村、古津賀村の4ヶ村をかんがいするため開発した用水路である。建設当時の形をよく残しているとされる麻生堰は長さ160メートル、幅11メートルで全体が弓形を描き、用水路は延長約7.5キロメートル、82ヘクタールの水田に水を供給している。四ヶ村溝が通った村々では、溝から水田に水を汲み上げる水車が農家ごとに数多く設けられていた。田園

疏水　高知県四万十市　四ヶ村溝

水車に寄り添うように咲くあじさいは、天候問わず味わい深い美しさがある

地帯のそこかしこで水車が回る独特のたたずまいは「四ヶ村溝の水車」と呼ばれて親しまれた。明治の初期には約50基の水車が水音ものどかに回っていたとされるが、今では水車も少なく、名残りの風景がわずかに見られるに過ぎない。

水車の里を再現
紫陽花まつりで地域に親しむ

こうした歴史背景を持つ四ヶ村溝に現存する水車群を保存・活用し、地域の憩いの場として、観光資源開発を目的とした農村公園として、平成14（2002）年に「安並水車の里」が整備された。水路沿いに新たに設置された15基の水車と約500株のあじさいが昔ながらの農村風情を醸し出し、見応えのある親水スポットとなっている。あじさいの花が見ごろを迎える毎年6月上旬には地元住民による「紫陽花まつり」が開かれる。恒例の水車づくりの実演披露では、組み上げられた水車が水路に設置されると見事に回りだし、かつての水の汲み上げの様子が再現されて歓声があがる。会場では地元の物産販売なども行なわれる。いずれも、地域の歴史と文化に親しむ手作りのイベントである。

DATA　バス：中村まちバス曽我の下バス停下車徒歩4分
車：高知自動車道四万十町中央ICから車で60分

◆四ヶ村溝と合わせて行きたい！オススメ周辺情報

沈下橋（ちんかばし）

四万十川の風景に溶け込む名物橋

沈下橋は支流まで含めると全部で48本あり、その最下流に位置するのが佐田沈下橋。川が増水した際に沈むのでこの名が付き、水の抵抗を小さくするため欄干のない造りとなっている。

DATA　℡0880-35-4171（四万十市観光協会）　所高知県四万十市佐田　交土佐くろしお鉄道中村駅から車で15分　MAP P189 A-3

四万十ヒノキの家（しまんとひのきのいえ）

四万十の恵みを実感できる

土佐漆喰と土壁など伝統的な木造工法で建てられた宿泊体験型のモデルハウス。外壁以外すべて四万十ヒノキを使用した贅沢な造りで木の香りが心地よく、四万十川がすぐ近くを流れている。

DATA　℡080-2988-1724（専用ダイヤル9:00〜18:00）　休月曜　料1泊2万円（1〜4名様まで）、定員7名　所高知県四万十市田出ノ川8-2　交土佐くろしお鉄道中村駅から車で20分　Pあり　MAP P189 A-3

農家レストランしゃえんじり（のうか）

四万十グルメをバイキング形式で

アメゴの南蛮漬けや川エビのかき揚げ、ツガニ汁など四万十の旬の素材を使った料理がバイキング形式で楽しめる。農家のおばちゃんの手料理で誰もが心もおなかもきっと大満足。

DATA　℡0880-54-1477　営11:30〜14:00　休水曜　所高知県四万十市西土佐口屋内76　交土佐くろしお鉄道中村駅から車で30分　Pあり　MAP P189 A-3

福岡県朝倉市

ほりかわようすいおよびあさくらようすいしゃ
堀川用水及び朝倉揚水車 🌸

日本の水田開発の歩みを物語る田園風景と日本最古の水車群

筑後川初の農業用水、堀川用水で休みなく回る自動回転式の水車群、朝倉揚水車は、今も日本最古の実働水車として、約35ヘクタールの水田に豊かな実りをもたらしている。

工夫と改良により造られた堀川の流れ

堀川用水は寛文3(1663)年、前年に起きた大飢饉を契機に、筑後川から水を取り入れて造られた。「利水の方法を知らず」と言われた筑後川に初めてできた大規模な農業用水で、「百五十町余の囲皆田となりぬ」(「筑前国続風土記」)と記されるほど近隣の水田開発に大きく貢献した。約60年後には安定した水量を確保するため巨大な岩をノミで貫いた取水口、切貫水門を新設。さらに、寛政2(1790)年、導水をより容易にしようと山田堰を造った。これは、筑後川の水圧と激流に耐えるため日本唯一の「傾斜堰床式石張堰」という堅牢な構造となっており、現在も約650ヘクタールの水田を潤している。平成26(2014)年には「世界かんがい施設遺産」に登録された。

疎水　福岡県朝倉市　堀川用水及び朝倉揚水車

夏の風物詩として
人々の心をも潤す水車

　切貫水門を造った後も、堀川の上流にあたる山側の一部では土地が高いため用水の恩恵を受けることができなかった。そこで、さらに水車で水を汲み上げる自動回転式の二連、三連の水車が設置された。寛政元(1789)年には既に記録が残っており、現在でも菱野、三島、久重の各地区で6〜10月の間稼働している。農村の原風景をほうふつさせる水車の姿は夏の風物詩としても親しまれている。

　水車群の中でもつとに知られるのが、菱野三連水車だ。もともと二連式だったものに一挺加えて現在の姿になった。車の直径は上部4.76メートル、中部4.3メートル、下部3.98メートルもあり、水車の回転数や水田の高さ、揚水の量など綿密な計算から生まれた。菱野三連水車は、約13.5ヘクタールの水田に送水している。

　のどかな田園風景が、先人たちの知恵と努力の結晶として後世に残されたことを実感させられる堀川用水と朝倉揚水車は、日本の農業文化を知るうえでも守り続けたい貴重な史跡である。

地域住民のクリーン活動もあり、水路沿いは桜や菜の花が美しい

山田堰の工法はアフガニスタン復興支援のかんがい用水モデルになっている

DATA バス:西鉄バス菱野バス停下車徒歩5分
車:大分自動車道朝倉ICから車で10分

◆ 堀川用水及び朝倉揚水車と合わせて行きたい！オススメ周辺情報

九州歴史資料館（きゅうしゅうれきししりょうかん）

九州の歴史の解明に貢献している

資料館では九州の歴史とその特質を解明するため、大宰府史跡の調査や研究を行なっている。展示室では貴重な文化財を展示し、出土資料の整理作業や文化財の分析結果などを公開している。

DATA TEL 0942-75-9575　営9:30〜16:00　休月曜　料200円　所福岡県小郡市三沢5208-3　交九州自動車道筑紫野ICから車で15分　Pあり　MAP P188 B-3

甘木公園（あまぎこうえん）

県下有数の桜の名所

ひょうたん型池や噴水など美しい景色が広がる親水公園。桜4000本やツツジ5000本、ショウブ1300株など鮮やかな花々が植えられ、季節の彩りが来園者の目を楽しませている。

DATA TEL 0946-24-6758（あさくら観光協会）　所福岡県朝倉市菩提寺79　交大分自動車道甘木ICから車で15分　Pあり　MAP P188 B-3

秋月城跡（あきづきじょうあと）

黒門や石垣に昔の栄華をしのぶ

元和9(1623)年、黒田長政の遺命により、三男・黒田長興が築城。陣屋形式の小さな城で、今は黒門や石垣、長屋門が残り、往時の栄華を物語っている。

DATA TEL 0946-24-6758（あさくら観光協会）　所福岡県朝倉市秋月野鳥　交大分自動車道甘木ICから車で20分　Pあり　MAP P188 B-3

福岡県筑紫郡那珂川町
さくたのうなで
裂田溝

『日本書紀』に登場する日本最古の開削用水路

日本最古の開削用水路、裂田溝は今なお現役で福岡市近郊の農地を潤している。貴重な生物も生息し、周辺では環境保全活動が繰り広げられている。

神話の舞台でありながら今も現役の水路

　福岡市と接する那珂川町を流れる裂田溝は、『日本書紀』にも記載がある日本最古の開削水路である。いつごろ築かれたのかは不明だが、那珂川町山田の「一ノ井手」の堰から取水し、全長は5.5キロメートルあり、今も現役の水路として流域の水田約100ヘクタールをカバーしている。

　『日本書紀』による言い伝えもある。神功皇后が那珂川の水を引いて神田をつくろうと溝を掘り進めた時のこと。大岩に阻まれたので皇后が家臣の武内宿禰（たけうちのすくね）に命じて神々に祈らせたところ、突然雷が落ち、大岩が砕けて水が通ったという。『日本書紀』には、その溝を名付けて「裂田溝」と呼んだとする記述がある。現在その場所には裂田神社が祀られている。

疏水

福岡県筑紫郡那珂川町　裂田溝

貴重な生物も生息
地元が環境保全活動

　那珂川町が裂田溝の将来的な保護を目的に行なった詳細な調査によると、裂田溝が当時の最新技術を用いて造られていることや幾度となく改修が重ねられて使われてきたことなどが判明した。裂田溝は歴史的に貴重であるばかりでなく、菖蒲などの植物やニッポンバラタナゴやスナヤツメなどの希少な魚が生息しており、総合的に見ても非常に価値の高い資源である。

　こうしたことから地元住民が中心となり「裂田溝周辺環境保全会」が発足。清掃活動や外来植物の除去、植栽活動、稚魚の放流などさまざまな環境保全活動を行なっている。毎年秋には地域、学校、企業、行政などが一体となり裂田溝ライトアップが行なわれ大勢の来場者が訪れる。大都市近郊に広がる農地に水分（みくまり）する、歴史ロマンに満ちた古代用水路は地元の人々の至宝でもある。

地域住民や小学生、企業などが各々の作品を持ち寄り裂田溝を色鮮やかに灯す

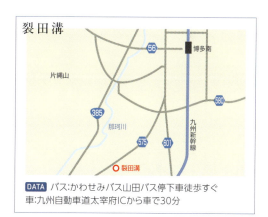

DATA バス：かわせみバス山田バス停下車徒歩すぐ
車：九州自動車道太宰府ICから車で30分

◆裂田溝と合わせて行きたい！オススメ周辺情報

中ノ島公園（なかのしまこうえん）

1年中楽しめる自然スポット

那珂川の上流、自然にできた中洲をそのまま生かした自然公園。春には桜、秋にはもみじを楽しめるほか、夏場は川遊びスポットとしてにぎわいを見せる。木陰も多く、夏の人気避暑地。

DATA ☎092-953-0514 営8:30〜17:00(4〜9月は〜18:00) 休水曜(10〜3月) 所福岡県筑紫郡那珂川町大字市ノ瀬445-1 交九州自動車道太宰府ICから車で40分 Pあり MAP P188 B-3

かわせみの里（さと）

那珂川町の旬を味わえる

中ノ島公園内にある生産物直売所。店内には、那珂川産の米、旬の野菜や果物などの農産物が並ぶ。調味料やジャムなどの加工品、かしわめしややきそばなどの惣菜の販売もある。

DATA ☎092-953-0514 営8:30〜17:00(4〜9月は〜18:00) 休水曜 所福岡県筑紫郡那珂川町大字市ノ瀬445 交九州自動車道太宰府ICから車で40分 Pあり MAP P188 B-3

グリーンピアなかがわ

キャンプを気ままに楽しめる

キャンプやバーベキューが大勢で楽しめる。レンタル用品も充実しているためキャンプ初心者でも安心。サクラやツツジ、ドングリなど、四季を楽しめる広場もある。

DATA ☎092-953-3373 営キャンプ村:10:00〜17:00 休キャンプ村:11〜3月、毎週水・木曜(夏休み期間は無休) 所福岡県筑紫郡那珂川町大字五ヶ山870-2 交九州自動車道太宰府ICから車で60分 Pあり MAP P188 B-3

福岡県柳川市

やながわのほりわり
柳川の掘割 🌸

情緒あふれる川下りも盛況
歴代領主が整備した農業用水

水郷柳川の礎を築いた掘割は、人々の営みに必要な水路として歴代領主が整備に心を砕いたもの。独自の文化を生んだほか、今では観光の目玉となって地域経済を支えている。

戦国時代に始まった
掘割が巡るまちづくり

　古代から低地に水路を掘り、土地が拓かれてきた柳川。文亀年間（1501〜1503年）に蒲池氏が築いた柳川城は周囲を堀に囲まれた水城であり、農業用水を兼ねた。その後も、田中吉政や立花宗茂が領主として農業基盤整備に情熱を注いだ。現在、水路の総延長は930キロメートル。地元では「掘割」とも称される。

　有明海に注ぐ河川の河口に位置し、もとは湿地帯だった柳川にとり、掘割は、土地の水はけを良くし、水を確保するための手段であった。掘割を掘ることで出た土は、住宅を建てるための土盛りに利用し、洪水や高潮から身を守るためにも使われた。こうして掘割の整備が進んだ結果、数多くの掘割が巡る柳川独自の景観が形

疏水

福岡県柳川市　柳川の掘割

北原白秋も愛した
風情豊かな水郷

　掘割の水はかつてから農業用水のほか、人々の生活用水としても利用されてきた。近世以降、次々と干拓地の農業用水となり、柳川市の農業を支え、人々の命と暮らしに重要な役割を担ってきた。しかし、戦後の高度成長期になると水質汚染が深刻化。埋め立て案も浮上したが、昭和50年代初頭から市と住民が協働により清掃活動に取り組んだ結果、昔の掘割の姿を取り戻し、当地で生まれ育った詩人・北原白秋が生涯愛した水郷柳川のシンボルとなった。

　今はドンコ舟で城下町の約4キロメートルの掘割を遊覧する川下りが人気を集めている。しだれ柳の緑や赤レンガの並倉、白いナマコ壁などが次々と現れ、耽美で優雅な白秋の世界に浸る風情が柳川の大きな魅力として知られるようになり、年間130万人ほどの観光客が訪れている。平成27（2015）年には、旧城下町の掘割と白秋の作品に描かれた生家や水天宮などと合わせ、「水郷柳河」として国の名勝に指定されている。

名物の川下りでは、船頭のガイドや舟歌を聞きながら城下町を遊覧できる

DATA
鉄道：西鉄柳川駅から徒歩5分
車：九州自動車道みやま柳川ICから車で15分

◆ 柳川の掘割と合わせて行きたい！オススメ周辺情報

柳川市学童農園むつごろうランド
（やながわしがくどうのうえん）

ムツゴロウ観察にもおすすめ

近くの堤防からは干潮時にムツゴロウが跳ね上がる様子を眺められる。また、竿を使ってムツゴロウ釣りや伝統のくもで網体験もできる。

DATA ☎0944-72-0819　営8:30～17:00　休月曜　所福岡県柳川市橋本町389　交西鉄大牟田線柳川駅から車で30分　Pあり　MAP P188 B-3

柳川藩主立花邸 御花
（やながわはんしゅたちばなてい おはな）

藩主の暮らしぶりを垣間見る

柳川藩主立花家の歴史を体感できる7000坪の国指定名勝。明治期の伯爵邸「西洋館」「大広間」や庭園「松濤園」が当時のまま残り、5000点にも及ぶ美術工芸品も展示されている。

DATA ☎0944-73-2189　営9:00～18:00　料500円　所福岡県柳川市新外町1　交九州自動車道みやま柳川ICから車で25分　Pあり　MAP P188 B-3

夜明茶屋
（よあけちゃや）

有明海の珍しい魚介料理を提供

有明海でとれたムツゴロウやワラスボ、クチゾコ、エツなど珍しい魚介を刺身や煮付けなどで味わえる。鮮魚売り場が併設され、陳列の魚介類は好みの食べ方で調理してもらえる。

DATA ☎0944-73-5680　営11:30～15:00、17:00～22:00　休火曜　所福岡県柳川市稲荷町94-1　交九州自動車道みやま柳川ICから車で25分　Pあり　MAP P107

佐賀県佐賀市
おおいでせき
大井手堰

干ばつ、でなければ水害……
皮肉な水事情に一計

米どころ佐賀平野には、干ばつを防ぐ網の目状の水路がともすると水害をもたらす皮肉な水事情があった。大井手堰はこうした二律背反を克服し、城下にきれいな飲み水も供給した。

佐賀藩士の成富兵庫が妙案
利水、浄水、治水のマルチ機能

　大井手堰は、佐賀平野を流れる嘉瀬川（かせがわ）の中流部にある井堰で、江戸時代初期の1615年ごろ、佐賀藩士の成富兵庫茂安（なりどみひょうごしげやす）によって築かれた。

　佐賀平野は水源となる北部の脊振（せふり）山地が水田面積に対して小規模であることから、水田に利用できる水量が足りず、水の確保が難しい土地だった。このため、古くからため池と排水路を兼ねた網の目状の水路（クリーク）が発達したものの、大雨が降れば簡単にあふれて水害をもたらす皮肉な水事情を抱えていた。そこで兵庫は、当時頻繁に起こった洪水と干ばつから佐賀平野と佐賀城下を守り、農業用水と飲み水を確保するため、嘉瀬川に大井手堰を築いて堰き止め、石井樋（いしい

疏水

佐賀県佐賀市　大井手堰

大井手堰や象の鼻、天狗の鼻、石積みなど見どころの多い石井樋公園

び）と呼ばれる取水施設を構築したのである。

　嘉瀬川は砂が多く混じり、そのままでは飲料水には適さない。城下へこれを取り込むためには砂を除去する必要があった。兵庫は大井手堰で堰き止めた水を「かめ石」でゴミや土、粗砂を取り除いたあと「天狗の鼻」と「象の鼻」と呼ばれる石で築いた施設の間へ導き、逆流させた。ここで水の勢いは弱まり、土や砂を沈ませながらきれいな水だけが多布施川から城下へと送り込まれた。兵庫はまた、大水が来ても、水を低地へ逃がして水勢を弱める「野越し」や一時的に水を貯める遊水地を造って水害を防いだ。

当時と同じ材料、工法で復元 周辺は公園として整備

　昭和38（1963）年の大洪水により大井手堰は壊れてしまったが、平成17（2005）年、当時と同じ材料、工法を用いて忠実に復元された。現在は石井樋公園として整備されており、「さが水ものがたり館」では、兵庫の業績や佐賀平野と水などについて詳しく紹介している。多布施川沿いの歩道は水面に映る桜並木の美しさで知られる。

DATA 鉄道：JR佐賀駅から車で15分
車：長崎自動車道佐賀大和ICから車で5分

◆大井手堰と合わせて行きたい！オススメ周辺情報

肥前名尾和紙（ひぜんなおわし）

佐賀を代表する伝統工芸

300年以上の歴史を持つ佐賀県重要無形文化財「名尾和紙」。匠の技を受け継ぎ、原料のこうぞから漉く、乾かすまですべて手作業の和紙。要予約で紙漉き体験（有料）も可能。

DATA ☎0952-63-0334　営9:00～17:00　休不定休　所佐賀県佐賀市大和町名尾4754　交長崎自動車道佐賀大和ICから車で20分　MAPP188 B-3

ダムの駅富士 しゃくなげの里（えきふじ さと）

富士町の鮮度抜群の品々がずらり

約200人の生産者が富士町で育てた野菜や米、山菜などが並ぶ農畜産物の販売所で、レストランも併設されている。棚田米を自分の好きな量で購入できる精米機があるのでおみやげにも便利。

DATA ☎0952-58-3200　営9:00～18:00　休第2水曜、1/1～1/3　所佐賀県佐賀市富士町大字畑瀬1-31　交長崎自動車道佐賀大和ICから車で20分　Pあり　MAPP188 B-3

川上峡（かわかみきょう）

風光明媚な景色が広がる

「九州の嵐山」とも呼ばれる新緑や紅葉の美しい景色が広がっている。春の桜や約600にも及ぶ鯉のぼりの吹き流し、夏の灯籠流し、花火大会など川面を彩るイベントも年間を通じて盛りだくさん。

DATA ☎0952-40-7110（佐賀市観光振興課）　所佐賀県佐賀市大和町大字川上　交長崎自動車道佐賀大和ICから車で2分　Pあり　MAPP188 B-3

長崎県諫早市
おのようすい
小野用水

逆サイフォン式の技術を応用し穀倉地帯を潤す用水

長崎県の諫早は古くから干拓により耕地を得てきた。小野用水を干拓地まで延ばすためには、用水が川を渡る必要があり、見事な智恵がひと役買った。

海の干拓とともに歩んだ歴史ある用水路

小野用水は、有明海（諫早湾）を干拓してできた現在の小野平野（小野島町、川内町、赤崎町一帯）の水田の生産力を高めようと、今から200年ほど前に地域住民によって造られた歴史ある用水路である。

現在の小野用水は一級河川本明川から取水し、田井原土地改良用水を分けたのち倉屋敷川となって市街地を流れ、長崎県内最大の穀倉地帯である小野平野に豊かな水利をもたらしている。長さは8.5キロメートルあり、かんがい面積は600ヘクタールに及ぶ。

疏水

長崎県諫早市 小野用水

「その水がほしい」
干拓地農家の悲痛な叫び

　倉屋敷川の途中には本明川の支流半造川が交差する形で流れている。その先の干拓地、小野平野へ水路を延ばすためには半造川を横断しなければならなかった。この難工事を行なったのが諫早藩士・青木弥惣右衛門（あおきやそうえもん）である。半造川には潮が上がってくるため農業用水には使えなかった。「川向こうの村には倉屋敷川のかんがい用水が余っている。その水がほしい」と干拓地の小野島の農家たちが望んだのも無理はない。そこで惣右衛門は小野島の人たちのために逆サイフォン式という当時の最新技術を用いて底井樋廻水事業（そこいびかいすいじぎょう）の指導にあたったのである。底井樋とは、松材で作った四角い樋を何本もつないで川底に設置し、両端の水位差で水を通す仕掛けだ。工事には地元の多くの農家が参加し、文化10（1813）年春に完成、この年の田植えに間に合わせたという。

　小野用水が取水している本明川の河川敷には「本明川桜づつみ」が広がる。小野用水が送水されている諫早公園には国指定重要文化財の「眼鏡橋」が移築されている。ここは桜やツツジの名所でもあり、梅雨時には水の上を舞うホタルが楽しめる。

小路に流れる川も、小さな生き物の住みよい自然環境を整える役割を果たす

DATA 鉄道:JR諫早駅から徒歩15分
車:長崎自動車道諫早ICから車で10分

◆ 小野用水と合わせて行きたい！オススメ周辺情報

いさはや楽焼（らくやき）うなぎ

京都・楽焼でふっくら仕上げ

諫早のうなぎの蒲焼きといえば、焼いた後に二重底になった京都・楽焼の器を使って蒸す独特の調理法が特徴。ふっくらとして、とろけるような食感が一度食べたらやみつきになる。

DATA ☎0957-22-8325 ((一社)諫早観光物産コンベンション協会) 所長崎県諫早市(市内5店舗で提供中)

中央干拓地（ちゅうおうかんたくち）

360度諫早を見渡せるパノラマスポット

大規模経営農が行なわれており、農地が延々と続いているため、多良岳や雲仙岳が見渡せる360度のパノラマは圧巻。夏にはひまわりが広大な畑に咲き誇る。

DATA ☎0957-22-1500（諫早市干拓室）所長崎県諫早市中央干拓地 交長崎自動車道諫早ICから車で20分 MAP P188 B-3

諫早市美術・歴史館（いさはやしびじゅつ・れきしかん）

諫早の歴史と美にふれる

平成26（2014）年に開館した諫早市にゆかりある美術・歴史・民俗などの資料を展示するミュージアム。諫早にゆかりのある美術工芸品も展示され、諫早の魅力を再発見できる。

DATA ☎0957-24-6611 営10:00～19:00 休火曜（祝日の場合は翌日）料200円 所長崎県諫早市東小路町2-33 交長崎自動車道諫早ICから車で10分 Pあり MAP P111

通潤橋

熊本県上益城郡山都町
つうじゅんようすい
通潤用水 🌸

日本最大級の石組みアーチ水路橋
一帯が重要文化的景観に選定

水の便が悪く、水不足に苦しんだ村の人々を救うため、江戸後期、惣庄屋の布田保之助が肥後の石工の高い技術を用いてわずか2年で完成させた水路橋。

肥後の石工の技術が結集
川を渡る命の用水路

　熊本県山都町の五老ヶ滝川にかかる通潤橋は日本最大級の石組み水路橋で、均整のとれた単アーチの中央付近から勢いよく水が噴き出す「放水」は名高い。橋は嘉永7（1854）年に造られ、全長約75.6メートル、幅約6.3メートル、高さ約20メートルあり、人が歩いて渡ることもできる。石管をつなぎ合わせ一つひとつの目地には漏水防止のための漆喰を用いた通水管が3列敷設されており、今も対岸の白糸台地の水田約107ヘクタールへ農業用水を送り続けている。

　白糸台地は江戸時代、3つの川に囲まれながらも土地が一段高いために川の水が利用できず米があまりとれなかった。日照りが続けば井戸水も涸れて村の人々は困り果てた。こうした民衆の

熊本県上益城郡山都町　通潤用水

疏水

苦難を救うため、当時の惣庄屋（複数の村を束ねる地域の長）布田保之助が先頭に立って通潤用水の開削に着手、サイフォンの原理を応用して用水が谷を渡る通潤橋を建設したのである。着工からわずか2年で完成し、遅れていた台地の新田開発も進んだという。通潤橋は肥後の石工の技術レベルの高さを証明する歴史的建造物として昭和35（1960）年、国の重要文化財の指定を受けた。

棚田には通潤用水の分水路が張り巡らされ、小さな生き物の住みよい自然環境を整える役割を果たす

熊本地震で橋も被災
復旧は平成31年3月の予定

さらに平成20（2008）年から平成22（2010）年にかけて「通潤用水と白糸台地の棚田景観」として一帯が国の重要文化的景観に選定された。「放水」は、もともと通水管に詰まった堆積物を取り除くために行なわれていたが、次第に観光放水へと趣が変わり、定時に実施されるようになった。ところが平成28（2016）年4月の熊本地震（M7.3）に伴い、通潤橋は通水管目地の漆喰が破損し漏水する被害を受けたため、放水も橋上の歩行も休止された。現在、平成31（2019）年3月末を目指して復旧工事が進められており、工事の様子を見学することができる。

DATA
車：九州自動車道御船ICから車で50分

◆ 通潤用水と合わせて行きたい！オススメ周辺情報

円形分水（えんけいぶんすい）

水紛争を解決した分水施設

農地面積に合わせて、石造りの通潤橋に7割、残りの3割を野尻・笹原地区へ分水する施設。昭和31（1956）年、現代土木工学の円形分水法を用いて白糸台地の水不足を解決した歴史が残る。

DATA ☎0967-72-1158（山都町役場 山の都創造課）所熊本県上益城郡山都町小笹 交九州自動車道御船ICから車で50分 Pあり MAPP113

五老ヶ滝（ごろうがたき）

晴天には虹がかかる名瀑布

落差が約50メートルある山都町最大級の滝。滝壺側に吊橋が架けられ、そこから滝の全景を一望できる（現在、滝つぼまでは下れない）。虹や紅葉も観られるので、四季折々の美しさを楽しめる。

DATA ☎0967-72-1158（山都町役場 山の都創造課）所熊本県上益城郡山都町長原 交九州自動車道御船ICから車で50分 Pあり（道の駅通潤橋や布田神社の駐車場が利用可）MAPP113

菅里山レストラン（すげさとやま）

棚田で食べるヘルシー里山弁当

日本の棚田百選にも選ばれた菅集落でゆっくりとお弁当を堪能。地元のおばあちゃんたちが作った自慢の手料理を農家の自宅や庭、縁側で家主や集落の方々と交流しながら味わうことができる。

DATA ☎090-9796-7885（要予約）営11:00～16:00 休不定休 所熊本県上益城郡山都町菅2287 交九州自動車道御船ICから車で60分 Pあり MAPP188 B-3

熊本県球磨郡湯前町〜錦町

こうのみぞ・ひゃくたろうみぞすいろぐん
幸野溝・百太郎溝水路群

人力を尽くした農業用水は 300年間暮らしを支え続けた

日本三大急流・球磨川が流れる球磨盆地は昔から洪水や暴風雨に襲われることが多く、藩の財政危機や主食米増収のため水田開発の必要に迫られていた。

難工事を克服した 歴史ある二つの水路

　熊本県南部の球磨地方はその昔、陸稲やサツマイモなどしか採れない畑地帯だった。このため、約300年前に水田開発を目的として、後に幸野溝・百太郎溝となる堰・隧道・水路からなるかんがいシステムが建設された。

　幸野溝の開削は、人吉藩主・相良頼喬の命を受けた藩士の高橋政重が最高指揮者となり、元禄9（1696）年に始まった。取水堰は、急流球磨川に設置する難工事であったため、何度も流されるなど大変な苦労を重ねた末、10年の歳月を費やして宝永2（1705）年に完成した。隧道においては、当時では日本最古と言われる石合掌造りの技術を用いて建設され、現在でもその姿を見ることができる。

50年以上前、市房ダム建築記念の際に中学生らによって桜が植栽された

百太郎溝は、幸野溝水路とは対照的に藩の援助も特別な指導者もなく、幼な子からお年寄りまで総出の手掘りで開削され、5期にわたる工事を経て宝永7（1710）年に完成した用水路である。記録はなく、はっきりとしたことは不明だが、開削当初から実際に使用されていた「旧取入樋門」の構造から、鎌倉時代にはすでに工事が始まっていたと推測される。

地域の農業と生活になくてはならない存在

幸野溝の支線の末端は、ほとんどが百太郎溝に流れ込んでおり、幸野溝と百太郎溝で一体的な水利用がなされている。これにより、現在では3500ヘクタールの水田に水を供給し、球磨盆地の多彩な農業を支えている。防火用水や農村風景の形成など、多面的な機能により地域になくてはならない水利施設となっている。

こうした用水の歴史を学び、農業体験などもできる体験型イベントが毎年秋に開催され、最近は啓発・普及にも力が注がれている。

平成28（2016）年11月8日、「幸野溝・百太郎溝水路群」は国内の13カ所とともに世界かんがい施設遺産に登録されている。

DATA
鉄道：くま川鉄道湯前駅から車で5分
車：九州自動車道人吉ICから車で45分

疏水

熊本県球磨郡湯前町〜錦町

幸野溝・百太郎溝水路群

◆幸野溝・百太郎溝水路群と合わせて行きたい！オススメ周辺情報

球磨焼酎（くましょうちゅう）

料理の味を引き立てる

米焼酎のトップブランドで、米を原料に人吉球磨の地下水でもろみを仕込み、単式蒸留機で蒸留、瓶詰めまで同地域でしたものだけが認定されている。米が原料なので、料理との相性もバッチリ。

DATA ☎0966-22-5059（球磨焼酎酒造組合）HP http://jp.kumashochu.or.jp/

妙見野自然の森展望公園（みょうけんのしぜんのもりてんぼうこうえん）

自然と一体になれるスカイパーク

ハングライダーやパラグライダーなどスカイスポーツを楽しめる公園。人吉・球磨盆地を一望でき、キャンプの人気スポットでもある。夜は星が輝き、冬は運がよければ雲海を見られる。

DATA ☎0966-42-6111 所熊本県球磨郡多良木町大字奥野字妙見野 交くま川鉄道多良木駅から車で30分 Pあり MAP P188 B-3

えびす物産館（えびすぶっさんかん）

季節品やイベントで客をもてなす

くま川鉄道多良木駅前にある物産館で、野菜やフルーツ、加工品、木工品など特産品が並ぶ。シカ肉やイノシシ肉などが販売され、4月は記念祭、12月は収穫感謝祭などイベントも多い。

DATA ☎0966-42-1109 営8:00〜18:30（10〜3月9:00〜18:00）休第2・第4火曜 所熊本県球磨郡多良木町多良木1534-4 交くま川鉄道多良木駅から徒歩すぐ Pあり MAP P188 B-3

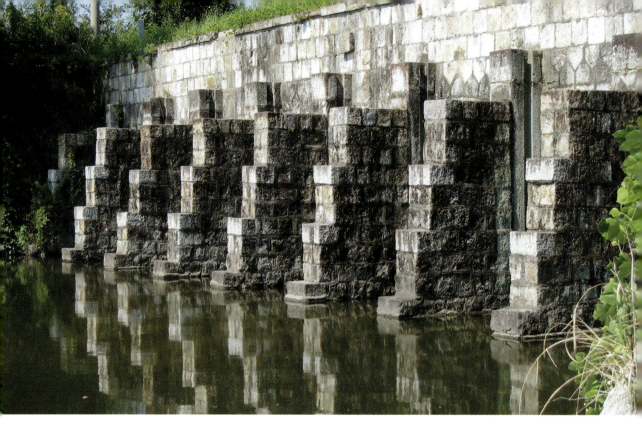

熊本県八代市

きゅうぐんちくしんちこうごうひもん
旧郡築新地甲号樋門

八代海干拓事業の象徴
明治の遺構として高い評価

八代平野は干拓によって農地を広げてきた。その農地を潮の逆流から守るための樋門が1基残っている。明治の干拓遺構として歴史的価値は高い。

唯一現存する甲号樋門

　圃場や用排水路の整備が進み、生産性の高い農業地帯へと発展を遂げた八代平野。その3分の2は江戸時代から行なわれてきた干拓によって生まれた土地である。西部に位置する郡築地区は、明治時代に旧八代郡が行なった干拓工事で築造された土地で、「郡築」を地名に残している。当時の郡長、古城弥二郎は、台風による決壊などさまざまな困難に見舞われながらも堤防延長約10キロメートルに及ぶ郡築の干拓工事を明治37（1904）年に成し遂げ、その業績は長く讃えられた。

　この干拓工事では、明治33（1900）年、「郡築新地」と呼ばれた干拓地に「甲号」「乙号」「丙号」の3基の樋門が設けられた。樋門は干拓地

疏水　熊本県八代市　旧郡築新地甲号樋門

内から水を排除し、潮の逆流を防いで農地を守る重要な働きをする。現在、乙号、丙号樋門は存在せず、甲号樋門のみが当初の姿を残している。

国内最大規模の10連アーチ式樋門

　旧郡築新地甲号樋門は、当時、熊本県技師でのちに第五高等学校教授となった川口虎雄が設計した切石造り10連アーチ式樋門で、アーチ部分に赤レンガが用いられている点が大きな特徴である。総延長約33メートル、幅約5.2メートル、高さ約6.1メートル、アーチ径約2.1メートルと、現存する石造りの樋門としては国内最大規模を誇る。樋門の海側には南北約1キロメートルにわたる石積みの堤防も残っており、樋門とともに明治期の八代海干拓事業の代表的遺構として歴史的価値が高い。平成16（2004）年に国の重要文化財に指定された。

　郡築の干拓が完成して間もなく古城弥二郎は56歳で亡くなり、生前の遺言にもとづき郡築新地の樋門そばの郡築神社内に墓が建てられた。竣工した2月9日の「潮止め記念の日」には、古城を顕彰して毎年「墓前祭」が行なわれる。

上方や左右に切石を積み上げたレンガ造の美しい10連アーチ式通水部

DATA
鉄道：JR新八代駅から車で18分
車：九州自動車道八代ICから車で20分

◆旧郡築新地甲号樋門と合わせて行きたい！オススメ周辺情報

岩崎神社（いわさきじんじゃ）

い草の神様を祀る

い草の神様といわれる上土城主・岩崎主馬忠久を祀っている神社。今から500年以上前に岩崎主馬忠久が領内でい草を植えて以来、熊本県は日本一の畳表の生産量を誇っている。

DATA ☎0965-46-0006（熊本県い業協同組合）所熊本県八代市千丁町太牟田上土374-1 交JR千丁駅から車で4分
MAP P117

ファミリーファームOKA（オカ）

い草体験で自分用のおみやげに

畳表の一大産地の八代では、ドライフラワーやコースター、織りなどい草製品の制作体験ができる。体験時間は2時間程度で、制作したものは持ち帰りOK。い草独特の香りも心地いい。

DATA ☎0965-52-0965 所熊本県八代市鏡町宝出57 交JR有佐駅から車で6分
MAP P188 B-3

とまとラーメン

生産量日本一のご当地ラーメン

八代は温暖な気候を生かし、トマト栽培が盛んで、生産量は日本一。それだけにトマトにちなんだご当地グルメも登場。トマトを贅沢に使用したスープは後味すっきりでメにも最適な一杯。

DATA ☎0965-35-6627（八代観光物産案内所）

大分県竹田市
はくすいためいけえんていすいりしせつ
白水溜池堰堤水利施設 ❀

巨大な堰堤を越えて衣のように流れ落ちる白い水

大正期、水利に恵まれない中山間地に悲願の用水路が完成したのもつかの間、上流に新たな取水口ができると水の確保はまたも困難に。

テレビCMで紹介された日本一の美堰堤

　大分県南西部の大野川上流に位置する白水溜池堰堤(国指定重文)は、堰を越えて流れ落ちる水がまるで純白の衣のように美しいことから「日本一の美堰堤」と称され、近年、むぎ焼酎のテレビCMでも紹介されて話題になった。かんがい用の調整堰として昭和13(1938)年に築かれたこの堰堤は、大分県農業土木技師・小野安夫の設計・監督による。高さ13.9メートル、幅87メートルの規模を誇り、表面全体に石を張り巡らせて落水速度を抑えている。というのも阿蘇山周辺は火山性地質で地盤が軟弱であり、落水時の衝撃から基礎部の地盤を保護する必要があったからだ。しかも堰の片側は曲面状の武者返し、もう一方は細かな階段状水路を施して

疏水　大分県竹田市　白水溜池堰堤水利施設

溜池堰堤の建設目的は富士緒井路の水源確保

　この地域は古くから水利に恵まれず、江戸時代まで谷間に散在している田は湧水や天水に頼っていた。慶応3（1867）年に起きた大干ばつを契機に「富士緒井路」が計画され、明治44（1911）年から工事がはじまり、大正3（1914）年に大野川より通水した。しかし同8（1919）年に上流側に土地改良区が設立されて取水を開始、下流に位置する富士緒井路の取水量は激減

した。そこで富士緒井路の水源を確保する目的で建設されたのが白水堰と白水溜池だった。連日、100人規模の人々が工事に携わり、左岸側の山から切り出した岩石をトロッコで運んではコンクリートを練り合わせるという丹念な作業が進められた。堰の完成による受益地域は水田350ヘクタールにも及んだ。

　現在、竹田市は新たな観光ツーリズムとしてマップなどを作成し、本水利施設を積極的にPRしたいと考えている。夏の水辺、秋の紅葉と白水が織りなす見事な景観。どちらも訪れる人々を魅了するにちがいない。

水がゆったりと落ちるよう設計されており、右岸は石を積み上げた「武者返し」、左岸は「階段」になっている

白水溜池堰堤水利施設
DATA
鉄道:JR豊後竹田駅から車で30分

◆ 白水溜池堰堤水利施設と合わせて行きたい！オススメ周辺情報

岡城跡（おかじょうあと）

瀧廉太郎も愛した城跡

瀧廉太郎作曲「荒城の月」のモチーフとなった史跡。石垣群と四季折々の自然が織りなす色彩が楽しめる。近戸門からは阿蘇山と城下町を一望でき、瀧廉太郎像が町を見守るように建っている。

DATA ☎0974-63-4807（竹田市商工観光課）料300円（小・中学生150円）営9:00〜17:00 所大分県竹田市大字竹田2761 交JR豊後竹田駅から車で5分 MAP P119

白水の滝（しらみずのたき）

阿蘇山の伏流水が生んだ美滝

大野川の源流にある高さ約38メートルの滝。岩盤から伏流水が湧きだし、滝筋が白く見えることからこの名が付いた。「大分県百景」の一つに数えられ、優美な姿は神秘的で見るものを魅了する。

DATA ☎0974-68-2210（陽目の里名水茶屋）所大分県竹田市荻町陽目 交JR豊後竹田駅から車で30分 MAP P188 B-3

竹田湧水群（たけだゆうすいぐん）

地元産業を支えるおいしい湧水

「名水百選」に選ばれ、阿蘇山系の中でもミネラルを多く含み、あっさりした味わいが高く評価されている。多くの野菜を育み、ミネラルウォーターとしても重宝されている。

DATA ☎0974-63-0585（竹田市観光ツーリズム協会）所大分県竹田市入田 交JR豊後竹田駅から車で10分 MAP P119

大分県豊後大野市

緒方疏水

水車が回る懐かしい田園風景

江戸時代、緒方はうち続く天災で農地が荒れ果てていた。時の藩主は用水の開削を断行して、枯れることのない生命の水路を農民に与えた。

困窮する農民を見かねた藩主の農政手腕

　緒方疏水（＝緒方井路）は大分県豊後大野市の緒方地区を流れる農業用水路である。「上井路」「下井路」と呼ばれる2本の水路が230ヘクタールの農地を潤している。辺りは水車がやさしい水音をたてて回り、のどかで懐かしい田園風景が広がっている。

　緒方疏水が造られたのは正保2（1645）年と伝えられる。この地域は、元和9（1623）年に阿蘇火山が大噴火して火山灰が降り積もる甚大な被害を受け、寛永4（1627）年には虫害により食米が高騰した。同13（1636）年は大干ばつに見舞われ、同15（1638）年には牛疫が流行して多くの家畜が死んだ。うち続く天災に困窮した農民を見かねた岡藩2代藩主、中川久盛は農政の

大分県豊後大野市　緒方疏水

疏水

ゆったりとした緒方井路の流れと水車が、落ち着いた気分にさせてくれる

振興が急務と考え、用水路の開削に着手した。その意思を引き継いだ岡藩中興の英主、3代久清公は岡山から陽明学者で治山治水にも明るかった熊沢蕃山を招き、工事を進めたのである。

疏水の完成によって豊かな稲作地に変貌

緒方疏水の特徴は高低差1000分の1メートルという大変緩やかな勾配で水路を建設した技術力の高さである。祖母山系の深い山から流れ出る緒方川は日照りの時にも水が枯れることがない。こうした水の恵みにより緒方は豊かな稲作地に変貌したのである。

緒方の農業景観を際立たせている水車は、実は昭和6（1931）年に初めて設置された。それまでは水路の水面より高い農地には自然給水できなかったため桑畑として利用するほかなかった。しかし、水車による揚水が可能になると桑畑は次第に生産性の高い水田へと姿を変えていった。

平成12（2000）年から緒方土地改良区により「おがた井路まつり」が開催されている。営々と水田に実りをもたらしてきた井路に感謝し、先人の遺徳をしのぶ地元住民のお祭りである。

DATA
鉄道：JR緒方駅から車で10分
車：大分自動車道大分米良ICから車で1時間

◆緒方疏水と合わせて行きたい！オススメ周辺情報

原尻の滝（はらじりのたき）

阿蘇の大噴火がつくった滝

唐突に平野に出現する幅120メートル、高さ20メートルの滝。別名「東洋のナイアガラ」と呼び、約9万年前に阿蘇火山の大噴火で発生した火砕流が堆積してこの形になったと考えられている。

DATA TEL 0974-42-4140（道の駅原尻の滝）営9:30～17:30 所大分県豊後大野市緒方町原尻936-1 交JR緒方駅から車で5分 Pあり MAP P121

ベジ・カフェ ミズ

地元の野菜ソムリエが料理を提供

豊後大野野菜ソムリエクラブの有志で運営するカフェ。豊後大野産の野菜や米、肉を使った体に優しく、彩りも美しいメニューが揃っている。月替わりの「Msランチ」（1080円）が一番人気。

DATA TEL 0974-42-4822 営10:00～16:30 休火曜 所大分県豊後大野市緒方町馬場388-1 交JR緒方駅から徒歩7分 Pあり MAP P121

農家民宿 徒然草（のうかみんしゅく つれづれぐさ）

素朴な農家体験がいっぱい

野菜作りや山芋掘り、薪取り、夜空鑑賞など楽しめる体験プランが充実。オーナーさんご夫妻と1日を一緒に過ごせばきっと農業や食事に対する感謝の気持ちを学べるはず。

DATA TEL 0974-34-2921 所大分県豊後大野市大野町屋原973 交JR緒方駅から車で19分 Pあり MAP P188 B-3

鹿児島県南九州市
きよみずしのいでようすい
清水篠井手用水

謎を秘めたトンネル用水は人々の汗と苦労の結晶

安らぎのエリアとしても親しまれている清水篠井手用水の流れの一部は、人力のみで崖を掘り進めたトンネルになっている。しかし、その理由は定かでないという。

昔も今も変わらない美しい流れに人が集う

清水篠井手用水は江戸時代前期にあたる寛文3（1663）年、薩摩半島随一の流れを誇る万之瀬川（まのせがわ）から下流の水田約15ヘクタールに水を引くために掘られた。万之瀬川の篠井堰から岩屋公園内を通って下流の水田に注いでおり、その一部は隧道と呼ばれる崖の中を通るトンネルになっている。トンネルの上流には、用水を利用した菖蒲園があり、下流には名水百選に選ばれた「清水の湧水」がある。きれいな流水中にのみ生育するオキチモズクという貴重な藻が確認されていることからも、その水の清らかさは明白で、一帯は水辺の憩いの場としても親しまれている。

鹿児島県南九州市 清水篠井手用水

300年以上前に人力だけで掘削した用水は、今も静かに農業を支えている

言い伝えも残り、相当な難工事だったことが推測でき、当時の人々の苦労が偲ばれる。

ちなみに、清水磨崖仏は平安時代から明治時代にかけて僧侶らが仏像や梵字、五輪塔、阿弥陀如来像などを高さ20メートル、幅400メートルにわたり、切り立った崖に彫り込んだもので、鹿児島県指定文化財となっている。ほかの用水路部分と違い、なぜここだけ大変な工事をしてまでトンネルにしたのかは不明で、今となっては知る由もないという。こんなところもまた、疏水の奥深い魅力である。

ロウソクの灯りを頼りに掘り進んだトンネル

清水篠井手用水の延長は約446メートルを数える。そのうち東西約173メートルを占めるのが、清水篠井手用水路隧道だ。岩屋公園内にある清水磨崖仏（きよみずまがいぶつ）の下を貫くこのトンネルは、掘削機械がない時代に人力のみで掘り進められた。地元には、測量機器の代わりにロウソクの火を使って工事をしたという

清水篠井手用水

DATA
鉄道：JR平川駅から車で30分
車：南薩縦貫道南九州川辺ICから車で5分

◆ 清水篠井手用水と合わせて行きたい！オススメ周辺情報

知覧特攻平和会館（ちらんとっこうへいわかいかん）

戦争の悲惨さと命の尊さを考える

太平洋戦争末期の沖縄戦で20歳前後の若者が知覧から爆弾を積んだ戦闘機で出撃して多くの方が亡くなった。館内では悲劇を繰り返さないために特攻戦死された隊員の遺影や遺書を展示している。

DATA ☎0993-83-2525 営9:00～17:00 料500円 所鹿児島県南九州市知覧町郡17881 交南薩縦貫道南九州知覧ICから車で3分 Pあり MAP P188 B-4

知覧武家屋敷庭園群（ちらんぶけやしきていえんぐん）

武家屋敷と石垣が美しい街

美しい街並みが残る知覧の武家屋敷庭園は、知覧藩主の武士小路区割が元になっている。武家屋敷群は国の重要伝統的建造物群保存地区に選定され、庭園は国の名勝に指定されている。

DATA ☎0993-58-7878 営9:00～17:00 料500円 所鹿児島県南九州市知覧町郡13731番地1 交南薩縦貫道知覧金山水車から車で5分 Pあり MAP P188 B-4

清水磨崖仏群（きよみずまがいぶつぐん）

歴史的価値の高い荘厳な仏群

万之瀬川沿いに高さ20メートル、幅400メートルにわたって刻まれた約200基の清水磨崖仏群は古いものは平安末期に造られている。昭和34(1959)年に県の指定文化財になった。

DATA ☎0993-83-4433 所鹿児島県南九州市川辺町清水3882 交南薩縦貫道南九州川辺ICから車で10分 Pあり MAP P123

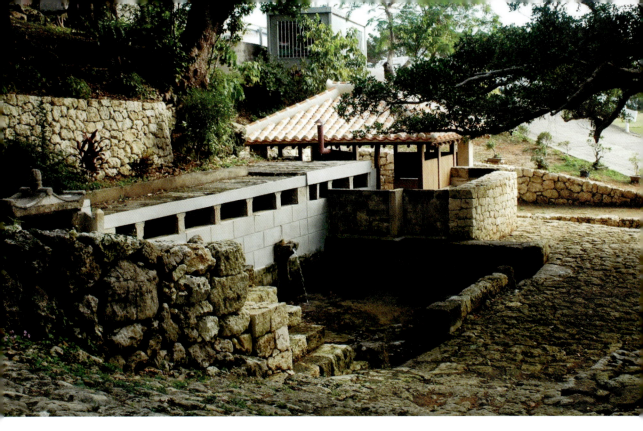

沖縄県南城市
なかんだかりひーじゃー
仲村渠樋川 🍁

大地から湧き出す水を集めた石造りの共同用水場

飲料から風呂まで生活に必要な水をまかない、集落の生活を支えた樋川。一度は戦争で失ったものの、美しい石造りの施設が復元され憩いの場となっている。

集落の生活を支え命をはぐくんだ水場

沖縄本島南東部に位置する南城市玉城。この一帯は、透水性の高い琉球石灰岩の台地で湧水の泉が多く見られ、その水を引いて蓄える施設を樋川（ひーじゃー）という。仲村渠（なかんだかり）樋川は、かつて仲村渠集落の飲料水、洗濯、野菜洗い、水浴といった生活用水として利用された共同用水施設。現在は、農業用水の水源として活用されている。仲村渠集落周辺には、名水百選に選ばれた「垣花樋川」などの湧水施設や御嶽（うたき）と呼ばれる拝所があり、沖縄の稲作発祥地「受水走水（うきんじゅはいんじゅ）」も隣接していることから、湧水を中心とした水の文化を保全・継承する取り組みが続けられている。

疎水 沖縄県南城市 仲村渠樋川

かつての姿を取り戻し人々のオアシスへ

　地域の古文書などによると、仲村渠樋川は少なくとも19世紀初頭には用水施設として使われていた。当時は松の木の樋を据えただけの簡単な施設だったが、大正元（1912）年、琉球石灰岩などを使い石造りの貯水槽や集落からつながる石畳の道、広場などが築かれた。翌年に完成した赤瓦の共同風呂は、五右衛門風呂付きで、県内でも唯一の貴重な生活遺産となっている。建物は、太平洋戦争末期の沖縄戦で破壊され、昭和39（1964）年に改修されたが、平成16（2004）年、築造当時のままに復元。同7（1995）年、国の重要文化財に指定された。

　地元では湧泉を意味する「ウフガー」とも呼ばれ、西側が男性用の「イキガガー」、東側が女性用の「イナグガー」に区分されている。集落の暮らしを支え、コミュニケーションの場でもあった共同用水場。現在では、各地から涼を求めてたくさんの人が訪れている。

現在、地域の人々が管理を行い、祭祀儀礼の拝所となっている

仲村渠樋川

DATA
鉄道：沖縄都市モノレール首里駅から車で30分
車：南風原道路南風原北ICから車で30分

◆ 仲村渠樋川と合わせて行きたい！オススメ周辺情報

Cafe やぶさち

海を見下ろす絶景カフェ

「自然と文化と健康」をコンセプトとした海の見えるカフェ。カフェの近くにある藪薩御嶽（やぶさつうたき）から名前を付けている。肉と魚の両方を食べられる贅沢な「ランチプレート」（1700円）も人気。

DATA ☎098-949-1410 営11:00～日没まで 休水曜 所沖縄県南城市玉城字百名646-1 交南風原道路南風原北ICから車で23分 Pあり MAP P125

カフェ 風樹（ふうじゅ）

沖縄の絶景を独り占めできる

名水百選として最南端に位置する垣花樋川から徒歩1分にある癒しのカフェ。周囲の景色と一帯化したログハウス風の造りで、2階のテラス席からの絶景を求めて多くの人が訪れる。

DATA ☎098-948-1800 営11:30～18:00（LO17:00） 休火曜 所沖縄県南城市玉城垣花8-1 交南風原道路南風原北ICから車で21分 Pあり MAP P125

朝陽の宿 涼風（あさひ やど しだかじ）

自然の中で優雅な朝の時間を

「自然の中で朝陽を浴びて、ゆったりした1日のはじまりを感じてほしい」というオーナーの思いが詰まった宿。朝食のみの提供で、旬の島野菜を中心とした家庭的な料理がゲストに好評。

DATA ☎080-6481-4747 料基本料金1人8000円（2名1室ご利用） 所沖縄県南城市玉城字垣花189-1 交南風原道路南風原ICから車で23分 Pあり MAP P125

宮古地下ダム

沖縄県宮古島市
みやこようすい
宮古用水 ❋

激しい干ばつから島を救った世界初の大型地下ダム建設

沖縄県の宮古島は古来、川も湖もなく、激しい干ばつに苦しみ抜いた不毛の島だった。島民の悲願であった水の恵みで実る農業を花開かせたのは、世界初の大規模地下ダム建設だった。

海へ流れ出る地下水をダムでせき止め農業利用

　宮古島は、川も湖もなく水に乏しい島であり、生活が危ぶまれるほど干ばつで苦しんだ歴史がある。昭和46（1971）年には180日間で降雨量162ミリという大干ばつに見舞われ、壊滅的な打撃を受けた。「宮古島に水を」という島民の願いは強く、昭和47（1972）年に地下水調査が行なわれ、世界初の大型地下ダム建設という一大事業が始まった。

　宮古島はサンゴ礁が隆起した透水性の高い地盤でできており、恵みの雨も土壌に浸透して地下水となり、一気に海へ流れ出てしまう。地下ダムは、この雨水を地下でせき止めて利用する施設であり、地下水の水位を上げて井戸で汲み取りやすくするだけでなく、海水が地下へ

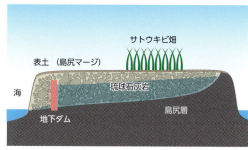

ダムは止水壁の役割を果たし、流れ出す地下水を貯留する

浸水するのを防ぐ機能も持ち合わせる。平成12（2000）年、世界でも類を見ない大規模な地下ダムが完成すると、地下水を農地へ運ぶパイプラインも整備され、島民の悲願であった水なし農業からの脱却が実現した。

水への感謝の気持ちと伝統文化を次世代へ

農業経営が安定した宮古島では、新規就農者が増え、サトウキビ単体農業から、マンゴーなどの果樹や野菜など新たな作物へのシフトが始まった。琉球石灰岩に浸透して高ミネラルとなった水で栽培される宮古島産の作物は、ミネラル豊富な健康野菜としてブランド化にも成功している。

地下ダムなどの農業水利施設を次世代に継承するため、宮古島市は地域住民と管理協定を結び、関連施設の清掃や地域学習の充実に取り組んでいる。毎年夏には「宮古水まつり」が開催され、8月3日が「畑水（ぱりみず）の日」に制定された。干ばつで苦労していた頃に生まれたクイチャー（雨乞いの踊り）は今なお継承され、毎年11月にはクイチャーフェスティバルが開催されている。

DATA
空港：宮古空港から車で30分

◆宮古用水と合わせて行きたい！オススメ周辺情報

地下ダム資料館（ちかダムしりょうかん）

世界初の技術力を実感できる

宮古島の水不足を解消するために地下に貯水地下ダムが造られ、資料館ではそのダムの構造やメカニズムなどを紹介している。深度70メートルの実物ボーリングコアーも必見。

DATA ☎0980-77-7547 営9:30～18:15（10～3月8:30～17:15）休月曜 料300円 所沖縄県宮古島市城辺字福里1645-8 交宮古空港から車で30分 Pあり MAP P127

東平安名崎（ひがしへんなざき）

宮古島屈指の絶景スポット

宮古島の最東端にある長さ約2キロメートルの岬は眺望がよく、「日本の都市公園100選」に選ばれている。岬の先端にある灯台（有料）に上れば、太平洋と東シナ海の違った表情の海を眺められる。

DATA ☎0980-77-4905 所沖縄県宮古島市城辺字保良平安名 交宮古空港から車で40分 Pあり MAP P127

海宝館（かいほうかん）

世界の貝6000種を展示

宮古島の貝をはじめ、世界の珍しい貝6000種を収蔵するミュージアム。館内は海の中にいるような雰囲気でゆったりした気分で美しい貝の世界に浸れる。貝細工体験は旅の思い出にも最適。

DATA ☎0980-77-2323 営9:00～17:00 所沖縄県宮古島市城辺字保良591-1 交宮古空港から車で35分 Pあり MAP P127

疏水　沖縄県宮古島市　宮古用水

ため池・ダム

水との闘いを解決した人々の英知の結晶

石積みダムに込められた農家たちの思い

豊稔池ダム／香川県観音寺市(本文144頁掲載)

　大きな河川がなく、降水量の少ない地域では、ため池が造られ、そこに蓄えられた水が農業に利用されている。ため池は雨や雪の少ない西日本に多い。全国で約20万カ所を数え、約7割が江戸時代以前に造られている。

　とりわけ香川県は古くから水不足に悩まされ、県内には約1万4千ものため池がある。中でもひと際異彩を放つのが、観音寺市の豊稔池（ほうねんいけ）だ。

　石垣が天に向かって伸び、ヨーロッパの古城を思わせる豊稔池は、満濃池に次ぐ香川県第2位の貯水量を誇り、約500ヘクタールの田畑を潤している。かつて受益地の三豊郡大野原町一帯は「月夜でも稲が焼ける」といわれるほど、水不足にあえいでいた。大干ばつに遭遇するたび、農家たちは米作りに歯をくいしばり、稲の一株一株にヤカンで水を注いだ苦闘の歴史がある。

　豊稔池の堰堤は、高さ30.4メートル、長さ145.5メートルあるが、大正15（1926）年の着工

からわずか3年8カ月で完成している。しかも、延べ15万人を数えた人員のほとんどが近在の農民で占められ、技師の指導を受けながら、一つ一つ石を積んで完成にこぎつけている。

「曽祖父も石垣を積んだ一人でした。10キロほど離れた海岸から砂を牛に引かせて運び、周辺の谷から採った石を使い、人の手で石垣をコツコツ積みあげたそうです」。こう話す豊稔池土地改良区理事長の薦田通夫さんによると、「水不足に悩んできた土地が豊かに稔る」ことを願って、豊稔池と名付けられたという。

ため池に蓄えられた水は、豊稔池を心臓に例えれば、各地に張り巡らせた分岐や水路が血管となり、大野原町や豊浜町、観音寺市にある農地の隅々にまで水を送り届けている。分岐や水路の管理は主に周辺の農家が担っており、薦田さんは「昔のような水不足は少なくなったものの、分岐するところに流木やゴミが詰まっていないか、水路に水が流れているか、毎日、目を光らせている」と打ち明ける。

今では米以外にもレタスや青ねぎ、ブロッコリー、たまねぎ、柿、ぶどう、花などが栽培され、それらを組み合わせた二毛作・三毛作などの複合型農業経営が海外からも注目され、毎年、インドネシアから多くの実習生を受け入れている。

特にブランド野菜「らりるれレタス」は、味はもちろん、時間がたってもみずみずしく、全国にその名が通っている。たわわな実りは、先人たちの苦労を知り、ため池の四季とともに生きる農家の汗と英知によってもたらされている。この営々とした農業に息づくものこそが、日本の卓越した農村文化にほかならない。

> ①5つの洪水吐（放水口）から水を放出する石積みの壁は、中世ヨーロッパの古城を彷彿させる　②インドネシアの実習生は、共同生活を送りながらねぎやレタスなどの栽培法を学ぶ　③観音寺市一帯は、先人たちの苦労のおかげで水との格闘がなくなり、今は全国でも有数のレタスの産地として知られる　④丸みを帯びた形状が美しい豊稔池堰堤の上流部分　⑤豊稔池の水は、水路を通じて何度も分岐を繰り返しながら約500ヘクタールの田畑に届けられている

青森県北津軽郡鶴田町
まわりぜきおおためいけ
廻堰大溜池 🍁

秀峰岩木山に抱かれた
美しい水辺の景観

江戸時代初期に津軽藩主の命により造られたため池が西津軽の農業を支えてきた。今は農業だけでなく、風景や自然が楽しめる水辺としても人気が高い。

鶴が大空を舞う姿の
美しい木造アーチ橋

　青森県北津軽群鶴田町には、まるで鶴が羽を大きく広げて優雅に大空を舞う姿のようにも見える、日本一長い木造橋が架かるため池がある。橋は「鶴の舞橋」と名付けられた全長300メートルの三連の太鼓橋で、樹齢150年以上の

冬は鶴の舞橋に渡れなくなるが、雪が降り積もり何とも美しい光景が広がる

青森ヒバが使われている。長い木の橋ということから「長生きの橋」「長寿の橋」としてパワースポットにもなっているという。背後には津軽富士の異名をもつ秀麗な岩木山がそびえ、橋とともに水面に映る景色は一幅の名画のような美しさである。

日本有数の規模の農業用ため池

　ため池は、地元では親しみを込めて「津軽富士見湖」と呼ばれる。正式名称は廻堰大溜池であり、もともとは岩木山を水源とする自然流水による貯水池だったものを万治3（1660）年、4代藩主、津軽信政公が日本で最初に西洋測量術を学んだ樋口権右衛門に命じ、西津軽の新田開墾のためのかんがい用水源として堤防を築き用水池とした。その後、豪雨や融雪、自然災害などにより幾度となく堤防が決壊し、そのたびの改修によって、堤体や取水施設などの整備がなされて現在のため池となった。池の周囲11キロメートルのうち堤長は4178メートルと国内最長で、貯水量は1100万トンと日本有数の規模を誇る農業用ため池である。ここから流れ出す水が西津軽の農業と農家の暮らしを支え続けている。

　廻堰大溜池の恵みは農業ばかりではない。この池には豊富な淡水魚類が多く生息し、へら鮒の湖としても有名だ。毎年ゴールデンウイークの頃に行なわれる「鶴の舞橋 桜まつり」に合わせ「全国へら鮒釣り大会」が開催されて太公望たちを喜ばせる。自然が豊かで野鳥の宝庫としても知られ、四季を通じて多くの種類の水鳥が飛来し、池に羽を休める姿が観察できる。

ため池・ダム

青森県北津軽郡鶴田町　廻堰大溜池

DATA
鉄道：JR鶴泊駅から車で15分
車：東北自動車道浪岡ICから車で60分

◆ 廻堰大溜池と合わせて行きたい！オススメ周辺情報

鶴の舞橋（つるのまいはし）

日本一長い三連太鼓橋

平成6（1994）年、津軽富士見湖に架けられた全長300メートルの日本一長い三連太鼓橋。鶴が空を舞うようにも見えることから、鶴と国際交流の里・鶴田町のシンボルとなっている。

DATA ☎0173-22-2111（鶴田町企画観光課）所青森県北津軽郡鶴田町大字廻堰 交JR陸奥鶴田駅から車で15分 Pあり MAP P131

富士見湖パーク（ふじみこパーク）

湖の特徴を生かした親水公園

津軽平野の中央に位置する津軽富士見湖の景観を生かし、12.4ヘクタールのゆったりした敷地にある公園。芝生広場やバーベキュー場もあり、町民にも人気のスポットとなっている。

DATA ☎0173-22-2111（鶴田町企画観光課）所青森県北津軽郡鶴田町廻堰大沢81-150 交JR陸奥鶴田駅から車で15分 Pあり MAP P131

道の駅つるた鶴の里あるじゃ（みちえきつるさと）

スチューベンぶどうの逸品が揃う

鶴田町が誇る生産量日本一のスチューベンぶどうを使ったワインやジュース、ジャム、菓子など加工品が充実。ソフトクリームやギョーザとのコラボも話題となっている。

DATA ☎0173-22-5656 営9:00～18:00 所青森県北津軽郡鶴田町大字境字里見176-1 交JR鶴泊駅から徒歩5分 Pあり MAP P131

長野県茅野市
みしゃかいけ
御射鹿池 ❀

鏡のような湖面に木々が映り込む 東山魁夷の名画を生んだ絶景の地

御射鹿池は日本画家の巨匠・東山魁夷が代表作「緑響く」のモチーフとしたため池だ。鏡のような湖面に周辺の木々が映り込み、静寂で幻想的な気配が人々を圧倒する。

冷害や酸性水から
農作物を守るため池

　御射鹿池は長野県茅野市の奥蓼科にある、約1.3ヘクタールの農業用ため池である。笹原地区の約42ヘクタールをかんがいする農業用水路の上部にあり、現在も周辺農家の大切な水源となっている。

　笹原地区はかつて、北の沢汐(せぎ)と呼ばれる渋川から水を引いていたが、北の沢汐の水が冷たく強い酸性を帯びていたため農作物の冷害や不作に悩まされていた。そこで昭和8(1933)年、冷たい水をためて温め、酸性物質を沈殿させることを目的に御射鹿池が造られた。御射鹿池ができた後、水稲の収穫量や作柄は著しく改善された。

　こうした由来を宿す御射鹿池の水は当然強い

長野県茅野市 御射鹿池 ため池・ダム

酸性であり、魚は生息できない。池の水面がまるで鏡のように静まり返っているのも、魚がいないことが一因だと考えられて、池の底には酸性水を好むチャツボミゴケが繁茂し、湖面に木々が鮮明に映る要因にもなっている。

幻想的な名画の舞台
テレビCMで再注目

日本画家の巨匠・東山魁夷は学生時代に信州を訪れて以来、信州の自然を描いた風景画を数多く残しており、昭和47（1972）年に御射鹿池をモチーフにした「緑響く」を発表した。東山魁夷はこの作品について「一頭の白い馬が緑の樹々に覆われた山裾の池畔に現れ、画面を右から左へと歩いて消え去った—そんな空想が私の心のなかに浮かびました」（東山魁夷／『東山魁夷館所蔵作品集』信濃毎日新聞社刊）と記している。

御射鹿池は近年、液晶テレビのCMに登場したことで再び注目を集めた。東山魁夷の描いた世界が実写を交えて幻想的に表現されており、御射鹿池を訪れる観光客も増大した。朝もやが浮漂する夏の明け方と秋の紅葉が特に美しく、観光客やカメラマンに人気が高い。

御射鹿池がモデルとなった東山魁夷の名画「緑響く」

DATA
鉄道:JR茅野駅から車で28分
車:中央自動車道諏訪ICから車で35分

◆ 御射鹿池と合わせて行きたい！オススメ周辺情報

茅野市尖石縄文考古館（ちのしとがりいしじょうもんこうこかん）

国宝の土偶と対面できる

縄文中期の200以上の住居跡や多数の土器が発見された尖石遺跡の貴重な出土品を展示している。国宝の土偶（縄文のビーナスと仮面の女神）は必見の人気展示品。

DATA ☎0266-76-2270 営9:00～17:00（入館は16:30） 休月曜（祝日を除く） 料500円 所長野県茅野市豊平4734-132 交中央自動車道諏訪ICから車で25分 Pあり MAP P133

茅野市八ヶ岳総合博物館（ちのしやつがたけそうごうはくぶつかん）

茅野の歴史や成り立ちが分かる

茅野の自然と歴史を学べるミュージアム。フォッサマグナの中に位置する茅野の地形的、地理的な特徴から気候や自然との関わりや茅野の農業用水路の役割など幅広く解説している。

DATA ☎0266-73-0300 営9:00～16:30 休月曜 料310円 所長野県茅野市豊平6983 交中央自動車道諏訪ICから車で15分 Pあり MAP P133

蓼科湖（たてしなこ）

リゾート気分を盛り上げる湖

カラマツや白樺に囲まれた湖で、湖面に蓼科山を映す。湖畔にはレストランやカフェ、雑貨店などが建ち並び、週末は観光客で賑わう。天気がよければレンタサイクル（30分300円）で湖畔を散策するのもおすすめ。

DATA ☎0266-67-2222（蓼科観光案内所） 交中央自動車道諏訪ICから車で30分 Pあり MAP P190 B-3

愛知県犬山市
いるかいけ
入鹿池

水不足や水害から人々を守る 日本最大級の農業用ため池

日本最大級の貯水量を誇る入鹿池は、新田開発の盛んな江戸時代に築造された農業用のため池である。水不足に悩む尾張北東部を潤し、憩いの場としても親しまれている。

橋を焼き落として堰堤に 堤防造りの名工の技

　入鹿池は、江戸時代の新田開発に伴う新たな水源地として寛永10（1633）年に築造された農業用のため池だ。周囲16キロ、堤高約26メートル、貯水量約1518万立方メートルという国内最大級の規模を誇り、犬山市や小牧市、大口町、扶桑町の農地約615ヘクタールに水を供給している。

　築造以前、水不足にあえぐ尾張北部では水を巡る村々の対立や争いが絶えなかった。そんな状況を打開するため「入鹿村に流れ込む川の出口をせき止めるため池を造成し、その水を未開墾の地域に引き入れて新田を開発しよう」という壮大な計画が立案され、入鹿池が築造された。水の勢いが激しく工事が難航したため、河

愛知県犬山市　入鹿池

ため池・ダム

山々に囲まれた入鹿池は、一年を通して観光客や釣り人で賑わっている

内国（現在の大阪府東部）から堤防造りの名工である甚九郎が招かれ、土砂や枯れ枝を盛った橋を焼き落とす「棚築工法」で川を堰き止め、堤防造りを成功させた。

数々の災害を乗り越え強固で安全な堤防に

築造以来380年にわたる歴史の中で、入鹿池は何度も豪雨などの災害に見舞われてきた。とりわけ明治元（1868）年（旧暦）5月14日の「入鹿切れ」では、4月末から降り続いた雨によって堤防が決壊し、約1000人の尊い命が奪われた。これらの大災害を踏まえ、より強固で安全な堤防とするために、数々の改修工事が繰り返された。昭和54（1979）年からは大規模な防災ダム事業が実施され、13年にわたる歳月をかけて災害に強い現在の入鹿池に変貌した。同58（1983）年に始まった愛知用水二期事業では、知多半島などで増大する冬期かんがい用水の需要に対応するため、入鹿池の余剰水を愛知用水幹線に送水する施設も造成された。

入鹿池は江戸時代において、極めて先進的な「棚築工法」で築堤されたことが高く評価され、平成27（2015）年に「世界かんがい施設遺産」に登録されている。

DATA
鉄道：名鉄羽黒駅から車で15分
車：中央自動車道小牧東ICから車で5分

◆ 入鹿池と合わせて行きたい！オススメ周辺情報

尾張冨士大宮浅間神社
（おわりふじおおみやせんげんじんじゃ）

奇祭「石上祭」で全国的に有名

入鹿池や尾張冨士の麓にある神社。ご祭神は子どもの守護神で、安産や子授けなどを願う参拝客が訪れる。尾張冨士の山頂に石を担ぎ上げる「石上祭」は奇祭として知られる。

DATA ☎0568-67-0037 所愛知県犬山市冨士山3 交中央自動車道小牧東ICから車で10分 Pあり MAP P135

明治村
（めいじむら）

近代日本を築いた明治時代を体感

明治期を象徴する数々の重要文化財が建ち並ぶ野外博物館。日本最古級の機関車や京都市電の乗車、ハイカラ衣裳で記念撮影もできる。明治をモチーフにした懐かしいグルメも注目。

DATA ☎0568-67-0314 営9:30～17:00（季節により変動あり） 休不定休 料1700円 所愛知県犬山市字内山1番地 交中央自動車道小牧東ICから車で7分 Pあり（有料） MAP P135

ワカサギ釣り

県外からも人が集まる釣りの名所

入鹿池はワカサギやブラックバスの釣り場として有名な池。10～3月はワカサギ釣りのシーズンとなる。周辺に並ぶ貸ボート屋が提供する犬山名物・豆腐の味噌でんがくは観光客にも好評。

DATA ☎0568-67-0705 営日出から日没 休4～9月はシーズンオフ 料釣り竿セット800円、レンタルボート一隻2500円 所愛知県犬山市池野地区 交中央自動車道小牧東ICから車で5分 Pあり MAP P135

滋賀県東近江市

永源寺ダム（えいげんじだむ）

琵琶湖の水位が3センチ上がる ダム湖の全貯水量

琵琶湖東岸の湖東平野は昔から水に乏しい地域だった。愛知川に完成した永源寺ダムが安定した水を供給して流域の農業を救った。

昔から水争いが絶えなかった地域

　滋賀県と三重県とを分ける鈴鹿山脈に水源を持つ愛知（えち）川は、豪雨が降れば氾濫して大きな被害をもたらす一方、20日も日照りが続けば川の水が干上がってしまい、かんがい用水として利用するには極めて不安定な河川だっ

秋になると赤や黄色のモミジがダムを囲み、紅葉の名所となる

ため池・ダム

滋賀県東近江市　永源寺ダム

た。条里制の遺構が残り、奈良時代には開田していたはずの近江だが、琵琶湖東岸の湖東平野のほとんどは小規模な扇状地で構成されており、地形的には本来、水に乏しい地域である。そのため、昔から水を巡り流域農民の熾烈な争いが絶えなかったという。

ダムの完成で潤った7000ヘクタールの水田

愛知川の両岸に広がる湖東平野の水田に農業用水を安定して供給するため、愛知川農業水利事業が昭和27（1952）年に国営事業として着手され、同47（1972）年、鶴首して待った永源寺ダムが完成した。ダムは愛知川が平野部に出る永源寺相谷地区に造られ、堤高73.5メートル、堤長392メートルと利水専用ダムとしては滋賀県内最大の規模を誇る。建設にあたり、右岸側が軟弱な岩盤のうえ河床堆積物が多く、ダム全体を重力式コンクリートダムとするには大幅コスト増が懸念された。このため、左岸側は重力式コンクリートダム、右岸側をロックフィルとする複合ダム形式が採用されている。この形式は高堰堤ダムでは日本初の試みで、永源寺ダムの大きな特徴となっている。

ダム湖には2274万立方メートルの貯水量がある。全部の水を琵琶湖に流すと琵琶湖の水位が3センチ上昇するという。

ダム湖周辺は山に囲まれ、満水の湖面に春は桜やツツジ、秋はモミジが美しく映る。秋も深まると、右岸公園にあるモミジ並木が黄色や燃えるような赤に色づく。

DATA
鉄道：近江鉄道八日市駅から車で27分
車：名神高速道八日市ICから車で20分

◆ 永源寺ダムと合わせて行きたい！オススメ周辺情報

道の駅 奥永源寺渓流の里

地域の活性化にもひと役買う

平成27（2015）年、過疎化が進む地域の振興拠点の役割を担い、中学校の建物を再利用してオープン。野菜や加工品以外にもスイーツやパン、コンニャク、工芸品など2000品目が販売されている。

DATA ☎0748-29-0428 営9:30〜17:30（12〜3月は〜16:30）休火曜（11月は無休）所滋賀県東近江市蓼畑町510 交名神高速道八日市ICから車で25分 Pあり MAP P189 B-2

池田牧場ジェラートショップ・香想

週末には行列も！人気ジェラート店

搾りたての牛乳を使ったイタリアンジェラートが評判の店。チーズケーキや黒豆きなこなど常時25種類以上のジェラートを揃え、山の中にもかかわらず週末は行列ができるほどの人気ぶり。

DATA ☎0748-27-1600 営10:00〜18:00（11〜3月は〜17:00）休水曜（1、2月は水・木曜）所滋賀県東近江市和南町1572-2 交名神高速道八日市ICから車で15分 Pあり MAP P137

永源寺

一度は観たい！もみじが彩る秋

臨済宗永源寺派の大本山。康安元（1361）年に近江の守護・佐々木氏頼が創建した禅寺。「もみじの永源寺」と呼ばれるほど紅葉が美しく、枯山水の庭園の白砂利とのコントラストも必見。

DATA ☎0748-27-0016 営9:00〜16:00（季節により変更あり）料500円 所滋賀県東近江市永源寺高野町41 交名神高速道八日市ICから車で15分 Pあり MAP P137

京都府京都市
ひろさわのいけ
広沢池

数々の名歌を生んだ観月名所
風光明媚な北嵯峨のため池

京都・嵯峨野の北部に位置し、1000年にわたって都の水源でもあった広沢池。小倉山や愛宕山を見渡すこの池のほとりは観月の名所として知られ、あまたの歌に詠まれている。

平安時代から1000年あまり都人に愛された池

京都市右京区嵯峨広沢町にある広沢池は、大覚寺・大沢池の東に位置するため池だ。周囲約1.3キロメートル、東西・南北各300メートルで、北嵯峨を代表する水利施設であるほか、周囲に広がる田畑4ヘクタールをかんがいし、近年は鯉の養殖などにも利用されている。

起源については複数の説がある。寛朝僧正が永延3(989)年に池の南にある遍照寺(へんしょうじ)を建立した際に併せて築造したという説や、8世紀ごろすでにこの地を開拓していた秦(はた)氏の氏族が造成したという説がある。

平安期には池のほとりに月見堂、釣殿が設けられ、西岸から池に突き出すような形の観音島には橋も架けられた。観月の名所として貴族が訪れ「広沢

京都府京都市 広沢池

ため池・ダム

の池にやどれる月影や昔を照らす鏡なるらむ」(後鳥羽院御集)や、「こころざし深く汲みて広沢のながれは末もたえじとぞ思ふ」(風雅和歌集)など、多くの歌が詠まれている。

豊かな生態系が残る
市街地近郊の貴重な地

平安時代に造られた池は遍照寺とともに廃れたが、明治時代に京都の人々の努力によって修復された。現在は、池のほとりに桜や楓が茂り、マガモやケリなどの多様な鳥類やトンボも多く生息している。市街地近郊でありながら水田地帯の生物が生息する貴重な場所となっていて、地元の小学校の「自然観察教室」や「写生教室」などにも利用されている。

広沢池から周囲を見渡すと小倉山・愛宕山と嵯峨野の自然豊かな山々が望める。春は池の周りの桜が美しく、秋は水面に映る紅葉が美しい。昭和44(1969)年に古都保存法の歴史的風土特別保存地区に指定され、平成22(2010)年には農林水産省のため池百選に選定されている。

山を映し込む池も、冬になると「鯉揚げ」のため水がなくなってしまう

DATA バス:京都市バス山越駅下車徒歩5分
車:名神高速道路京都南ICから車で30分

◆広沢池と合わせて行きたい!オススメ周辺情報

大沢池(おおさわのいけ)

日本最古の人工林泉

大覚寺が嵯峨天皇の離宮だったころに造られた日本最古の人工林泉。別名「庭湖」とも呼ばれ、池には天神島と菊ケ島が浮かび、堰堤に植えられた桜や楓、松などとともに今も平安時代の風情を随所に感じる。

DATA ☎075-871-0071(大覚寺) 所京都府京都市右京区嵯峨大沢町4 交名神高速道路京都南ICから車で45分 Pあり(有料) MAP P139

直指庵(じきしあん)

静寂に包まれた癒しの寺

正保3(1646)年、隠元禅師の高弟独性円禅師が庵を建てたのが始まりとされ、幕末期に近衛家老女津崎村岡局が再興し、浄土宗寺院となる。拝観者の思いを綴った「想い出草」ノートでも有名。

DATA ☎075-871-1880 営9:00~16:00 休火・水曜(拝観については要確認) 料500円 所京都府京都市右京区北嵯峨北ノ段町3 交名神高速道路京都南ICから車で45分 MAP P189 B-2

旧嵯峨御所 大本山 大覚寺(きゅうさがごしょ だいほんざん だいかくじ)

狩野山楽の豪華な襖絵は必見

真言宗大覚寺派の総本山。境内には書院造りの正寝殿や後宇多天皇が院政を執った部屋があり、牡丹や紅梅を題材とした狩野山楽の襖絵も多数残っている。

DATA ☎075-871-0071 営9:00~17:00(16:30受付終了) 料500円 所京都府京都市右京区嵯峨大沢町4 交名神高速道路京都南ICから車で45分 Pあり(有料) MAP P139

大阪府大阪狭山市

さやまいけ
狭山池 🍁

1400年の歴史を秘めた日本最古のため池

大阪狭山市の国史跡狭山池は大阪府の中央部の暮らしにかけがえのない水がめとして古来大切に守られてきた。水害をきっかけに治水の役割も担い、市民の憩いの場にもなっている。

日本書紀や古事記にも記述ある重要なため池

狭山池は、大阪狭山市の市街地に囲まれて水をたたえる日本最古のダム式ため池である。7世紀前半の築造とされ、『日本書紀』や『古事記』にその記述があるほか、『枕草子』にも「さ山の池」として登場する。奈良時代の行基、鎌倉時代の重源、江戸時代初頭の片桐且元ら著名な人物が池の修復に関わり、江戸時代は幾度となく改修が重ねられた。雨が少なく河川に乏しかったこの地域の農民の生命線として、狭山池がいかに重要だったかが分かる。

狭山池は現在の大阪狭山市、堺市、松原市、羽曳野市、大阪市などにわたる広大な地域を潤おしてきた。しかし周辺の都市化が進むにつれ、下流の水田やため池が埋め立てられて土地の保水能力が次第に損なわれた。

大阪府大阪狭山市　狭山池

狭山池北堤では約200メートルの桜の並木道が続き、のんびり散歩できる

昭和57(1982)年8月の大水害をきっかけに大阪府が同61(1986)年から平成13(2001)年まで、16年の歳月をかけて行なった「平成の改修」では、それまで主にかんがい用のため池として利用されていた狭山池が、洪水を調節する機能も持ったダムに生まれ変わった。その際、池の周遊路が整備され、散歩やウオーキングが楽しめる市民の憩いの場へと変貌したのである。

早咲きの桜が楽しめる地域のシンボルエリア

池の周囲には早咲きのコシノヒガンザクラやソメイヨシノなど1300本の桜の木が植えられている。毎年4月下旬、市民が中心となって企画運営する「狭山池まつり」や冬には5万球ものLEDを使って桜の木をイルミネーションで飾るイベントなどが行なわれる。

平成の改修に伴う発掘調査で、一番古い堤の真下から全長約60メートルの木の樋管が見つかり、年輪年代測定の結果、616年に伐採された木材であることが判明した。これら出土品を展示する狭山池博物館とともに池畔の一帯は大阪狭山市のシンボルエリアとなっている。

DATA 鉄道:南海電鉄大阪狭山市駅から徒歩7分
車:阪和自動車道美原南ICから車で13分

◆ 狭山池と合わせて行きたい！オススメ周辺情報

狭山池博物館（さやまいけはくぶつかん）

日本最古のダムの歴史が分かる

1400年の歴史を持ち、日本最古のダム式ため池の狭山池の歴史やゆかりの人物、出土品、堤の実物などを展示している。斬新な建物は世界的な建築家・安藤忠雄氏が設計を手掛けた。

DATA ☎072-367-8891　営10:00～17:00　休月曜　所大阪府大阪狭山市池尻中2丁目　交南海電鉄南海高野線大阪狭山市駅から徒歩10分　Pなし　MAP P141

大野ぶどう（おおの）

夏の名産物「大野ぶどう」

100年の歴史を持つ大野ぶどうは、糖度が高く渋みも少ないため、品質は最高クラスで、品評会でも受賞歴がある。7月中旬から8月下旬にかけて、大野地区や狭山ニュータウン地区、国道310号線沿いに直売所が立ち並ぶ。

DATA ☎072-365-0831（JA大阪南狭山西支店）所大阪府大阪狭山市

レンガ巻きの暗渠（あんきょ）

レトロな水路や通路が残る

狭山池の周辺には明治31(1898)年、高野鉄道を河内長野まで延長した時に通路や水路を確保するためアーチ型の暗渠がレンガで造られた。今も現役で活躍し、市民の生活を支えている。

DATA ☎072-366-0011（大阪狭山市役所農政商工グループ）所大阪府大阪狭山市狭山池周辺に点在（一部立ち入り禁止の暗渠もある）

兵庫県加古郡稲美町など

いなみ野ため池群

日本有数のため池密集地
水不足が生んだ利水技術の結晶

兵庫県内には全国で最も多い約4万のため池がある。とりわけ密集地となっているのが印南野台地で、今も約600のため池と、これらを結ぶ水路が残されている。

水路で結んで水を反復利用

「いなみ野」とは、兵庫県南部の中央、明石川から加古川にかけて広がる印南野台地を指し、明石市・加古川市・高砂市・稲美町・播磨町の3市2町からなる東播磨地域とほぼ重なる。この地域は、温暖で降水量の少ない瀬戸内式気候の影響に加え、河川の水を利用することが難しい地理的条件もあって、古くから水不足に悩まされてきた。

これに伴い、水を得る技術が発達し、ため池や池と池を結ぶ多彩な水路が長年にわたって整備されてきた。その数は最も多い時代で1000以上を数え、現在でも約600のため池が残され、日本有数のため池密集地となっている。

地域の暮らしとも密接に関係し、「天満大池」

兵庫県加古郡稲美町など　いなみ野ため池群

（稲美町）の満水祈願をはじめ、ため池にまつわる祭事や伝統行事が受け継がれるなど、この地ならではの「ため池文化」が今も息づく。

県内最大のため池・加古大池は、ウインドサーフィンやカヌーのメッカ

ため池と水路がつくり出す風景は文化財的な価値も持っており、文化庁の「文化的景観180カ所」や地球環境関西フォーラムの「関西自然に親しむ風景100選」、農林水産省の「ため池百選」や「疏水百選」に選ばれている。

「加古大池」の面積は甲子園球場の約12倍

個性的なため池もたくさんあり、例えば、稲美町にある「加古大池」は県内最大で、甲子園球場の約12倍もの広さを誇る。天満大池は白鳳3（675）年に築かれた記録が残る県内最古のため池だ。アザザやオニバスといった絶滅を危惧される動植物が生息するため池、ウインドサーフィンなどウォータースポーツを楽しめるため池もある。

こうしたため池群や水路網を守り、次代に継承するため、平成14（2002）年度からは農業者や地域住民、NPO法人、企業、教育機関、行政などが協働し、環境保全活動や環境学習に取り組む「いなみ野ため池ミュージアム」の活動が展開されている。

DATA
鉄道：JR土山駅から徒歩30分（天満大池）
車：第二神明道路明石西ICから車で12分

◆ いなみ野ため池群と合わせて行きたい！オススメ周辺情報

にじいろふぁーみん

近畿最大級の産直スポット

東播磨3市2町でとれた農産物や魚、肉などの大型農産物直売所。地場野菜を提供するバイキングレストランやキッチンスタジオ、貸農園などもあり、地元の食と農の魅力に触れ合える場所。

DATA ☎079-495-7716　営9:00～18:00　休第1木曜　所兵庫県加古郡稲美町六分一1179-224　交第二神明道路明石西ICから車で5分　Pあり　MAPP143

鶴林寺（かくりんじ）

聖徳太子が創建した寺院

聖徳太子が16歳の時に仏教を広めるために創建した寺。釈迦三尊と四天王を祀り、「四天王寺聖霊院」と称されたのがこの寺の始まりといわれ、別名「播磨の法隆寺」とも呼ばれている。

DATA ☎079-454-7053　営9:00～16:30　料500円　所兵庫県加古川市加古川町北在家424　交加古川バイパス加古川ICから車で10分　Pあり　MAPP189 B-2

兵庫県立考古博物館（ひょうごけんりつこうこはくぶつかん）

兵庫の不思議を考える

最新の研究成果をもとにした迫力あるジオラマや復元品を通じて参加体験型で学べる。大きなナウマンゾウに挑んだ狩人や奈良まで運んだ9トンもあった石棺などたくさんの兵庫の謎に迫る。

DATA ☎079-437-5589　営9:30～18:00（10～3月は～17:00）　休月曜　料200円　所兵庫県加古郡播磨町大中1-1-1　交第二神明道路明石西ICから車で15分　Pあり　MAPP189 B-2

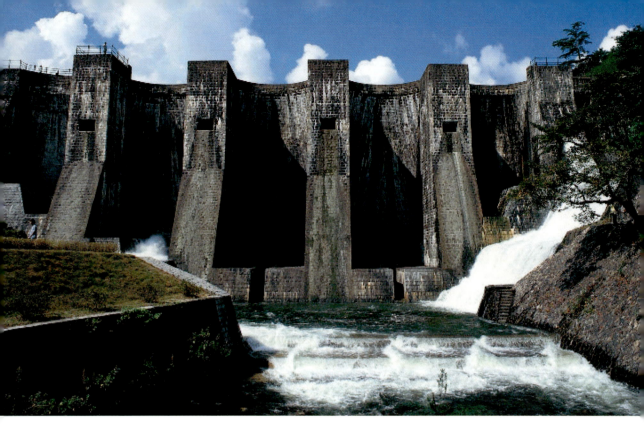

香川県観音寺市

ほうねんいけ
豊稔池ダム 🌸

水との闘いに終止符を打った先人たちの英知の賜物

しばしば干ばつに襲われた土地の水との苦闘に終止符をもたらした豊稔池ダム。石積みの堰堤は国内屈指の美しさを誇る。大迫力の放水は夏の風物詩にもなっている。

国内唯一の
マルチプルアーチダム

　香川県の西南端。阿讃山脈を分け入る柞田川（くにたがわ）上流に築造された豊稔池ダムは、川の西岸に広がる472ヘクタールの水田に水を送る農業用ため池だ。堤長145.5メートル、堤高30.4メートルのコンクリート造溜池堰堤で、貯水量は159万立法メートルを数える。石積式のアーチ止水壁が5つ連なった全国で唯一のマルチプルアーチダムであり、洪水吐をサイフォン式にするなど随所に斬新な設計が採用されている。その先駆的かつ希少な構造形式は農業土木史上高く評価されている。昭和前期における堰堤建設の技術的達成度を示すものであるとして、平成18（2006）年に国の重要文化財に指定されている。

香川県観音寺市 豊稔池ダム

ため池・ダム

長い年月を経た堰堤は、まるで中世ヨーロッパの古城のような風格を備えている。周囲の山並みと調和した四季折々の景観もまた他に類を見ない貴重なダムと言える。

今も生活を潤す豊稔池 水への感謝は不変

江戸時代は水利に恵まれず、その名の通り一面の原野だった観音寺市大野原町。近江の豪商により用水路の建設や開墾が行なわれたものの水不足は解消されなかった。これに伴い、近代式のため池の必要性が叫ばれ、大正15（1926）年に着工し、わずか3年8カ月で豊稔池は竣工した。建設に際しては地元農家を中心に構成された作業班、延べ15万人の労力が投じられ、無事故で完成させたという。

それだけに、豊稔池の水を享受する農家の思いは人一倍である。夏の風物詩である「ゆるぬき」と呼ばれる放水を、一滴の水も無駄にしたくないと、下流にある井関池の貯水率が30％程度になった時点で行なうと決め、このルールを頑なに守っている。竣工後、80年以上が経過した現在も農地の水がめとして人々の暮らしに寄り添う豊稔池は、農地開拓の歴史を伝える英知の結晶としても長く語り継がれている。

「ゆるぬき」時には豊稔池遊水公園では、間近で迫力あるダムを見ようと多くの観光客が集まる

DATA
バス：のりあいバス豊稔池下車すぐ（乗り降り自由）
車：高松自動車道大野原ICから車で17分

◆ 豊稔池ダムと合わせて行きたい！オススメ周辺情報

銭形砂絵「寛永通宝」（ぜにがたすなえ かんえいつうほう）

砂浜の巨大通貨はインパクト大

有明浜の砂浜に描かれた「寛永通宝」は東西122メートル、南北90メートルと桁違いの大きさ。古くは寛永10（1633）年に藩主生駒高俊を歓迎するために一夜で作られたと言われている。

DATA TEL 0875-23-3933（観音寺市商工観光課） 所 香川県観音寺市有明町 交 高松自動車道大野原ICから車で12分 P あり MAP P189 A-2

五郷水車（ごごうすいしゃ）

まち再生のシンボルが完成

五郷の活性化を目指して地元の有志で結成した「五郷里づくりの会」が中心となり、平成25（2013）年に水車小屋が造られた。水車を利用した精米やそば製粉を行なっている。

DATA TEL 0875-54-4418/090-8697-2660（藤岡紘） 所 香川県観音寺市大野原町有木 交 高松自動車道大野原ICから車で16分 MAP P145

稲積山（いなづみやま）

観音寺市民自慢の絶景スポット

標高407メートルの稲積山は、地元の人に古くから「稲の神さん」として親しまれてきている。頂上からは観音寺市が一望でき、天気がよければ石鎚山や有明浜の海岸線も眺められる。

DATA TEL 0875-23-3933（観音寺市商工観光課） 所 香川県観音寺市高室町 交 JR観音寺駅から車で10分 MAP P189 A-2

香川県仲多度郡まんのう町

満濃池 まんのういけ ❀

丸亀平野一帯の水利を担う讃岐の水がめ

雨の少ない香川県は、農業用に使われる水の52%をため池で賄っている。弘法大師ゆかりの満濃池は農業用ため池では日本最大級の貯水量を誇る。

最先端技術を投入した土木工事の歴史

香川県の南西部に位置する満濃池は、貯水量1540万立方メートルを誇る日本最大級の農業用ため池で、下流の農地約3000ヘクタールにかんがい用水を供給する重要な水源である。

満濃池は、稲作文化が急速に広がり新田開拓と水利開発が一体的に進められた大宝年間（701〜704年）、讃岐国守の道守朝臣により造られた。その後、洪水によって堤防が決壊したことから、唐で最先端の土木工学を学んだ空海が再築に当たり、弘仁12（821）年、着工からわずか2カ月余りで完成させたと伝わる。

その後も決壊と再築の歴史を繰り返し、寛永8（1631）年に土木技術者の西嶋八兵衛（にしじまはちべえ）によって再築された際には、稲作

ため池・ダム

香川県仲多度郡まんのう町　満濃池

に適する常温に近い水面付近から順次取水できる構造として、5つの取水口を備えた竪樋(たてひ)が設置された。評価の高いこの構造は多くのため池で今なお踏襲されている。

元来、木製の底樋(そこひ)は腐りやすく定期的に大がかりな取替工事が必要だった。明治3(1870)年に堤防西隅に鎮座する大岩にトンネルを掘って底樋としたところ現在に至るまで修繕を要しておらず、卓越した技術は維持管理面にも多大な貢献をした。

現在の貯水規模は昭和15(1940)年からの第3次嵩上げ工事によるもので、満濃池が丸亀平野の農家にもたらす恩恵は計り知れない。

先人が守り抜いた地域の文化的シンボル

1300年余りにわたって地域のかんがい用水を確保するため、先人たちが当時の土木技術の粋を尽くして守り継いだ満濃池は、平成28(2016)年11月に「世界かんがい施設遺産」に登録された。隣接する丘陵地には、広大な森と豊かな自然を活かした「国営讃岐まんのう公園」が開園し多くの来園者が訪れる。地域社会における観光資源とともに文化的シンボルとして大きな存在感を示している。

江戸時代前から恒例の「ゆる抜き」を目当てに、毎年大勢の見物客が訪れる

DATA
鉄道:高松琴平電鉄羽間駅から車で12分

◆満濃池と合わせて行きたい！オススメ周辺情報

かりん亭・かりん会館

さぬきうどんを手軽に味わえる

かりん会館では満濃池を眺めながら「さぬきうどんの手打ちうどん作り体験」(120分／1000円・5日前までに要予約)ができる。手打ちのさぬきうどんを食べたい人はかりん亭がおすすめ。

DATA TEL 0877-75-0200 (かりん会館) 営 9:00～17:00 休 水曜 所 香川県仲多度郡まんのう町神野168-7 交 JR塩入駅から車で9分 P あり MAP P147

三井牧場 (みついぼくじょう)

かわいい子牛と触れ合える

広い牧草地の中で成牛80頭、子牛40頭を大切に育てている。ここでは乳牛へのえさやりや子牛と散歩、搾乳、バター作りなど酪農体験(希望する場合は事前に連絡を)ができる。

DATA TEL 0877-78-3077 営 10:00～13:00(要予約) 所 香川県仲多度郡まんのう町大口878-10 交 高松自動車道善通寺ICより車で20分 P あり MAP P189 A-3

仲南産直市 (ちゅうなんさんちょくいち)

香川のおいしいものが勢揃い

道の駅「空の夢もみの木パーク」に併設する産直市場。清流米や梅肉エキス、ひまわり油などこの土地ならではの特産品が並ぶ。タケノコやマコモダケ、自然薯など季節ものも人気。

DATA TEL 0877-75-1994 営 8:00～18:00(10～3月8:00～17:30) 所 香川県仲多度郡まんのう町追上424-1 交 高松自動車道善通寺ICより車で20分 MAP P147

棚田・水田遺跡

たった一枚もおろそかにできない 水の循環が命をはぐくむ

農家がコツコツ築いた優雅な曲線美と絶景

丸山千枚田／三重県熊野市（本文166頁掲載）

　傾斜地が多い日本では、急傾斜面を段々に開墾した棚田で農業を営む地域が少なくない。棚田とは一般的に傾斜度が20分の1（水平距離を20メートル進んで1メートルの高低差がある傾斜）以上の水田を指し、全国に20万ヘクタールある。とりわけ、紀伊半島南東部の熊野川沿いの山間部に広がる丸山千枚田（三重県熊野市）は、広大な傾斜に1340枚の小さな水田が連なり、「一目千枚」と言われる絶景を求めて訪れる観光客がひきもきらない。

　この日本最大級の棚田は、400年以上前の古文書に「2240枚の棚田があった」と記録され、今以上の規模であったことがうかがえる。幽玄、優美な景色が人気の丸山千枚田もまた、盛衰の歴史と無縁ではなかったのだろう。地元に残る記録によれば、昭和の終わりごろ、農業に背を向けて都会に流出する若者が相次いだほか、減反政策や農家の高齢化が追い打ちをかけ、丸山千枚田の水田はひところ、530枚まで激減した。今日の姿まで復元できたのは、平成5（1993）年

に丸山地区の全戸で立ち上げた「丸山千枚田保存会」が復活に乗り出したことによる。

「荒れた田んぼに生えた木の伐採や切り株の掘り起し、崩れた石垣の修復など、どの田んぼも小さいので機械が使えず、ほとんど手作業でやった」と、紀和丸山千枚田保存会長の喜田俊生さんは語る。

丸山千枚田の一枚当たりの面積はおよそ10坪で、一番小さな田は、3株の苗しか植えられない超極小サイズだ。喜田さんは「それでもね、小さな田んぼにもちゃんと役割があって、そこに水を通さなければ、棚田全体に水が行き渡らない」と、棚田の水管理の難しさを打ち明ける。

代々受け継がれてきた棚田の維持にこだわっているため、あぜそりやあぜ塗り、田植えから、稲刈りに至るまで、ここではほぼ手作業だ。目を凝らしていると、メダカやタニシ、トンボ、チョウなど多彩な生き物が観察できる。喜田さんは「棚田を守るには、毎日、田んぼに足を運び、石垣の修復やあぜの草刈りなど、コツコツ手抜きをせず、心を込めた農作業の積み重ねが大事。美観と絶景は私たちの努力のあかし」と強調する。

70歳代が中心となった丸山千枚田保存会の活動をサポートする取り組みに、丸山千枚田オーナー制度がある。都市住民や県外の大学生など平成29年度は124組789名がオーナーとなり、田植えや稲刈りを通じて地元農家と交流を深めている。

こうした試みは能登半島の輪島市にある白米千枚田など、全国の棚田で見られる。水の輝き、黄金色の穂波、夕日や朝日に浮かび上がるあでやかな曲線美を持つ棚田が、いまや農家だけでなく、数多くの日本人の「心の農業遺産」となっていることを物語る。

①黄金色に稲が実った丸山千枚田。高低差160メートルの谷あいに1340枚の水田が段々に連なっている　②毎年8月、案山子作り教室も開催され、オーナーも多数案山子作りに挑戦する　③「先祖から受け継いだ大切な棚田を自分たちの代でなくしたくなかった。これからも地域が一丸となって棚田を守っていきたい」と丸山千枚田保存会長の喜田さん　④昔ながらの農作業にこだわり稲刈りやはさ掛けもすべて手作業で行なう　⑤日当たりがよく、昼夜の寒暖差の大きい丸山千枚田でとれる米はおいしいと評判

岩手県一関市

骨寺村荘園遺跡

絵図に描かれた景観が現存する奥州藤原氏ゆかりの荘園遺跡

周囲の山々や神社、水路や水田など本寺地区の農村景観は中世の骨寺村荘園を描いた絵図そのままだ。これを強みに地域づくり協議会が設立された。

鎌倉時代の景観が
当時のまま今に伝わる

　骨寺村荘園遺跡は岩手県南部、一関市厳美町の本寺(ほんでら)地区にある。ここはかつて骨寺村と呼ばれ、平安時代末期から室町時代初期までの約300年間にわたり奥州藤原氏ゆかりの中尊寺経蔵別当の荘園として経営されてきた地域である。中尊寺に残る古文書や鎌倉時代に描かれた「陸奥国骨寺村絵図」二葉に中世期のこの村の景観をうかがい知る場面が描かれている。

　本寺地区には絵図に描かれた堂社や祠などが当時のまま今に伝わり、周囲の山々、曲がりくねった水路や不揃いな形の水田、イグネと呼ばれる屋敷林に守られて点在する家々など地形や環境、景観が現在も良好に保存されている。このため、骨寺村荘園遺跡一帯は平成18(2006)

棚田・水田遺跡

岩手県一関市

骨寺村荘園遺跡

中世荘園絵図の景観が残り、そののどかな農村風景に不思議と癒される

年に国の重要文化的景観に選定され、絵図から特定できる場所などが国の史跡に指定された。中世から受け継がれてきた農村の原風景と出会える大変貴重な場所と言える。ちなみに骨寺が本寺と呼ばれるようになったのはこの地域が仙台藩の直轄領となった江戸時代と言われている。

伝統的な農村ならではの地域づくりを模索

本寺地区は「平泉の文化遺産」の世界遺産登録を視野に入れた地域づくりを模索するため、住民による協議会を設立した。農村の魅力を広く伝えるための田植えや稲刈り交流会などのイベント開催や、昔ながらの水路の泥上げなど水路保全作業を行なっている。減農薬と自然乾燥にこだわった「骨寺村荘園米」の生産、日本在来種で糖度の高い「南部一郎かぼちゃ」を特産品として加工品の開発、製品化にも取り組んでいる。開発の手があまり入らず、自然と共存して生きてきた伝統的な農村ならではの活動だ。

訪れるなら木々が芽吹き、草花が咲き、栗駒山山頂に現れる狐の雪形が田植えの時期を知らせる春がいい。

DATA
鉄道:JR一ノ関駅から車で30分
車:東北自動車道一関ICから車で20分

◆骨寺村荘園遺跡と合わせて行きたい！オススメ周辺情報

骨寺村荘園交流館
（ほねでらむらしょうえんこうりゅうかん）

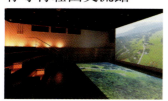

荘園の歴史的価値を後世に伝える

国指定史跡「骨寺村荘園遺跡」や国の重要文化的景観に選定されている「一関本寺の農村景観」の歴史的価値を映像や資料展示で解説している。館内にはレストランや産直コーナーもある。

DATA ☎0191-33-5022 営9:00〜17:00 休火曜 所岩手県一関市厳美町字若神子241-2 交東北自動車道一関ICから車で20分 Pあり MAP P151

厳美渓
（げんびけい）

岩肌にグリーンの水流が映える

栗駒山から一関市内に流れる磐井川では2キロメートルにわたって浸食した巨岩や滝、深淵が点在し、四季折々の渓谷美が楽しめる。道の駅「厳美渓」からも近く、立ち寄るのに便利。

DATA ☎0191-23-2350 所岩手県一関市厳美町字滝ノ上地内 交東北自動車道一関ICから車で8分 Pあり MAP P151

ポラーノ

農家が作る地産地消アイス

酪農やりんご栽培など若手農家が手掛ける手づくりアイスクリーム店。常時20種類以上を揃え、新鮮なミルクとヨモギやフキノトウ、エゴマなど珍しいフレーバーも季節ごとに登場する。

DATA ☎0191-39-2272 営10:00〜17:00 所岩手県一関市厳美町字入道178-3 交東北自動車道一関ICから車で15分 Pあり MAP P151

秋田県にかほ市

象潟「九十九島」
きさかた　くじゅうくしま

浮かび上がる島々に往時の姿がよみがえる

「おくのほそ道」で芭蕉が足を伸ばした象潟は、舟でゆく島巡りが人気の、みちのくの景勝地だった。ところが大地震で潟は陸地に姿を変えてしまった。

物見遊山客で賑わった東の松島、西の象潟

　秋田県南西部、鳥海山のすそ野が日本海に果てるあたりに象潟はある。元禄2（1689）年夏、松尾芭蕉は「おくのほそ道」の旅、最北の目的地としてここへ足を伸ばした。

　「象潟に舟を浮かぶ。まづ能因島に舟を寄せて、三年幽居の跡を訪ひ、向かうの岸に舟を上がれば、『花の上漕ぐ』とよまれし桜の老い木、西行法師の記念を残す。(中略)南に鳥海、天をささへ、その影映りて江にあり。(中略)松島は笑ふがごとく、象潟は憾（うら）むがごとし……。」と、芭蕉は舟でめぐった印象を記している。

　当時の象潟は、砂嘴（さし）に抱かれた南北3キロ、東西2キロの入江で、大小100を超える

棚田・水田遺跡

秋田県にかほ市　象潟「九十九島」

島が浮かび「東の松島、西の象潟」と呼ばれるほどの景勝地であった。多くの物見遊山客で賑わい、舟を雇って潟へ漕ぎだし島巡りを楽しんだ。芭蕉のほかにも沢庵禅師や江戸期の旅行家菅江真澄、小林一茶など多くの文人墨客がこの地を訪れている。ところが文化元（1804）年6月、大地震が起こり海底が2メートルほど隆起、あっという間に潟の水は引き小さな丘ばかりが残ったという。

干上がった潟湖はその後、農地となったが、点在する小島の面影が残るその独特の風景は昭和9（1934）年、国の天然記念物「象潟」に指定された。平成26（2014）年には芭蕉ゆかりの10島が「おくのほそ道の風景地・象潟及び汐越」として国の名勝の指定を受けた。

象潟「九十九島」を訪れるなら田植え前のゴールデンウイーク前後がよいだろう。周囲の水田に張られた水に島々が浮かび上がり、芭蕉が訪れたかつて潟だったころの景色をほうふつさせるはずである。残雪を冠した鳥海山もアクセントを添えるにちがいない。

水田に水が張られた田植え前がおすすめ

数々の島が田園に浮かんでいるように見える象潟独特の風景は名前の由来にもなっている

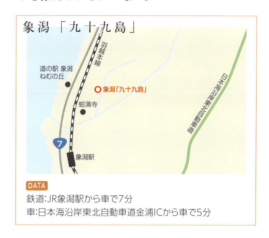

象潟「九十九島」

DATA
鉄道:JR象潟駅から車で7分
車:日本海沿岸東北自動車道金浦ICから車で5分

◆象潟「九十九島」と合わせて行きたい！オススメ周辺情報

ねむの丘（おか）

海に沈む夕日を見ながら入浴

道の駅象潟「ねむの丘」の展望台から日本海や鳥海山、九十九島など360度の絶景を楽しめる。夕日を眺めながら入浴できる地上4階にある展望温泉も人気。物産館は東北有数の品揃え。

DATA ☎0184-32-5588　営9:00～21:00　休第3月曜　所秋田県にかほ市象潟町字大塩越73-1　交日本海沿岸東北自動車道金浦ICから車で5分　Pあり　MAP P153

上郷温水路群（かみごうおんすいろぐん）

先人の知恵で冷水も稲作に活用

稲作に生育障害を起こす鳥海山の冷たい融雪水を上郷地区の住民が温めるように考案した農業用水路。昭和2（1927）年の完成以来、順次各地に造られ、今も秋田の米作りを支えている。

DATA 所秋田県にかほ市象潟町上郷地区　MAP P191 A-3

蚶満寺（かんまんじ）

多くの文人墨客が訪れた名刹

1000年の歴史を誇る古刹で、松尾芭蕉の「おくのほそ道」ゆかりの古跡がある。潟だったころ蚶満寺を渡る舟が綱をつないだ舟つなぎ石や親鸞腰掛石などが残り、見どころも豊富。

DATA ☎0184-43-3153　営8:00～17:00　料300円　所秋田県にかほ市象潟町象潟島2　交日本海沿岸東北自動車道金浦ICから車で5分　Pあり　MAP P153

千葉県鴨川市
おおやませんまいだ
大山千枚田

大小375枚の水田が連なる東京から一番近い千枚田

房総半島の里山の急斜面に大小さまざまな375枚の水田が連なる大山千枚田は、日本の棚田で唯一、雨水のみで耕作する「天水田」としても名高い。

自然と共生する里山の暮らしを今に伝承する

　「東京から一番近い棚田」と言われる大山千枚田は、千葉県の房総半島のほぼ真ん中にあたる鴨川市の大山地区にある。約3.2ヘクタールの急斜面に大小さまざまな375枚の水田が縦横に並んでいる。平野の田んぼが次々と耕地整理される中、地形が複雑な里山の斜面では耕地整理が遅れ、美しい棚田が後世に伝わった。日本で唯一、雨水のみで耕作を行なう「天水田」の棚田としても知られている。

　棚田の起源は不明だが、この地域の石高の変化から、江戸時代以前より耕作されていたとみられている。南房総の山間部は起伏が多く、平坦な土地が少ないため、山の斜面を開墾し地形を巧みに利用した棚田が造成されたと考えられる。

棚田・水田遺跡

千葉県鴨川市　大山千枚田

夜祭りでは楽器の演奏もあり、松明の灯りと相まって神秘的な雰囲気になる

でいる。オーナーは田植え、草刈り、稲刈り、脱穀、収穫祭など年7回程度の作業に参加し、農家の指導のもと農作業が体験できる。収穫した米はすべて持ち帰れるが、収量はその年の天候と栽培の技術によって左右される。より手軽に1日から農業体験ができる「棚田トラスト制度」もあり、人気を集めている。

例年10月後半になると「棚田の夜祭り」が開催される。平成28（2016）年には3日間にわたるライトアップイベントが開催され、1万本のLEDと3000本の松明が幾重にも重なる田んぼのあぜを彩る幻想的な里山の夜景が出現した。

平成11（1999）年、農林水産省が選ぶ「日本の棚田百選」に認定された。

秋には「夜祭り」を開催
都市住民との交流も

近年、里山では農業従事者の高齢化や若者の農業離れを背景に耕作放棄地が増えつつあるが、大山千枚田では地元農家が中心となって「オーナー制度」を導入し、景観の保全と、農業体験を通した都市住民との交流にも取り組ん

DATA バス：鴨川日東バス釜沼バス停下車徒歩20分
車：富津館山道路鋸南保田ICから車で30分

◆大山千枚田と合わせて行きたい！オススメ周辺情報

みんなみの里

地元の人とも触れ合える交流施設

嶺岡山の麓にあり、農産物や伝統工芸品などの販売や農業体験の施設案内紹介などを行なう総合交流施設。体験館では田植えや稲刈り、イチゴ狩り、陶芸体験などができる。鴨川温泉の湯を使った足湯も好評。

DATA ☎04-7099-8055 営9:00〜16:00（2〜10月の土・日曜、祝日9:00〜17:00）所千葉県鴨川市宮山1696 交富津館山道路鋸南保田ICから車で30分 HPminnami.com Pあり MAPP155

おらが丼

どんどん人気アップ！ご当地丼

「おらが」とは房総地方の方言で「我が家の」という意味。鴨川市の店舗では海と山の食材や調理に工夫を凝らしたオリジナル丼「おらが丼」が平成17（2005）年から次々と誕生している。

DATA ☎04-7092-0320（鴨川市商工会）所千葉鴨川おらが丼協会（鴨川市商工会内）加盟店の41店舗 HPhttp://www.kamonavi.jp/ja/food/oragadon.html

鴨川農家民泊

オールシーズン農業体験OK

鴨川市内の農家では、いちじく狩りや山菜採り、しいたけの原木切りなど多彩な農業体験ができる。ブランド米・長狭米や旬の野菜をふんだんに使った田舎料理も宿泊者に喜ばれている。

DATA ☎04-7093-2461（鴨川市観光プラットフォーム推進協議会）所千葉県鴨川市内（鴨川市内の現在、7軒が農家民泊を実施）HPhttp://noukaminpaku.web.fc2.com/ Pあり

長野県千曲市
おばすてのたなだ
姨捨の棚田

多くの歌人を魅了した心和む名月の里

姨捨は月見の名所として知られる。斜面には小さな水田が幾重にも連なっており、水面に映る月や四季折々の風景が多くの人々の心を魅了してやまない。

文人たちの心をとらえる姨捨伝説と田毎の月

姨捨山には松尾芭蕉ら多くの俳人が句を詠んだ棚田がある。山の斜面に大小さまざまな約1500枚の水田が並ぶ姨捨の棚田は、国内有数の美しい棚田として知られる。とりわけ、水田一枚ごとに月が映る様子は「田毎の月」と呼ばれ、古くから文学や絵画の題材として数多く取り上げられてきた。

「姨捨山」という地名が文献資料に初めて登場するのは『古今和歌集』で、棄老説話の舞台として、山を照らす月の様子が詠われている。棚田の起源は鎌倉時代の歌人・西行が長楽寺の持田を阿弥陀の四十八願にちなんで四十八枚に分けたという伝説にさかのぼる。天正6（1578）年に筆写された狂言本『木賊』の中に「田毎の月」と

棚田・水田遺跡

長野県千曲市 **姨捨の棚田**

いう語が初めて確認でき、江戸時代には松尾芭蕉が『更科紀行』の中で「おもかげや姨ひとりなく月の友」という名句を詠んだ。

地元の保全団体と都市との交流が守る景観

姨捨の棚田が持つ美しさの秘密は一枚一枚の田の小ささにある。「蓑・菅笠の下に隠れる」と例えられる小さな田がひしめくように斜面を埋めており、平成22(2010)年には重要文化的景観に選定された。

光り輝く黄金色の稲穂が広がり、神秘的な風景を生み出している

歴史ある景観を守るため、近年では千曲市や地元農家が中心となって棚田の保全に取り組んでいる。中でも特徴的な取り組みが棚田のオーナー制度で、千曲市民だけでなく市外に住んでいる人でもオーナーとして棚田の四季を見守ることができる。希望者は田植えや稲刈りにも参加でき、農作業体験を楽しみに訪れる都市住民も多い。日本の原風景を求めて訪れる観光客や写真愛好家も後を絶たず、四季折々の表情が昔も今も多くの人たちを魅了している。

水が張られる時期は、月明りに照らされる棚田と夜景が一度に眺められる

DATA
鉄道:しなの鉄道屋代駅から車で15分
車:長野自動車道更埴ICから車で15分

◆ 姨捨の棚田と合わせて行きたい！オススメ周辺情報

あんずの里（さと）

人々を魅了するひと目10万本のあんず

日本一のあんずの里として有名で、ひと目10万本のあんずの開花時期となる4月上旬～中旬にかけて毎年約15万人の観光客が訪れる。6月下旬～7月中旬のあんず狩りの県外のリピーターが多い。

DATA ☎026-261-0300(信州千曲観光局) 所長野県千曲市森地区 交長野自動車道更埴ICから車で8分 Pあり(有料) MAP P157

戸倉上山田温泉（とぐらかみやまだおんせん）

源泉掛け流しが基本の美人の湯

50以上の源泉と豊富な湯量、お肌がツルツルになることから「美人の湯」として長野屈指の人気を誇る。自家源泉を複数持つ宿も多く、客室の湯までも掛け流しという贅沢な宿も多数ある。

DATA ☎026-261-0300(信州千曲観光局) 所長野県千曲市上山田温泉 MAP P190 A-2

稲荷山（いなりやま）

華やかな暮らしぶりが垣間見える

古くは善光寺街道の宿場町として、明治以降は生糸と絹織物で栄えた。今も当時の面影を色濃く残すことから平成26年に重要伝統的建造物群保存地区に選定され、地区内には資料館もある。

DATA ☎026-261-0300(信州千曲観光局) 所長野県千曲市稲荷山 交長野自動車道更埴ICから車で10分 MAP P157

花坂の棚田

新潟県柏崎市高柳町
かしわざきのたなだ
柏崎の棚田

地域に恵みをもたらす かけがえのない棚田

柏崎市の中山間地には美しい棚田が3ヵ所ある。それぞれに景観も機能も異なるが、先祖の知恵と汗の結晶である棚田を守る農家の気概は変わらない。

棚田百選に認定された 黒姫山麓の3ヵ所

新潟県内で7ヵ所認定されている「日本の棚田百選」のうち3ヵ所が柏崎市の中山間地、高柳町に集中している。「梨ノ木田の棚田」「花坂の棚田」及び「大開の棚田」で、いずれも刈羽三山の一つ黒姫山(標高891メートル)の山麓にあり、それぞれが異なる景観と機能を受け持つ、かけがえのない棚田である。

「梨ノ木田の棚田」は磯之辺地区の黒姫川の源頭に位置し、面積は2.9ヘクタール、土砂流出防止や水資源の涵養など重要な役割を果たしている。圃場周辺はブナ林など豊かな自然環境が保たれ、貴重な山野草も多く自生しキャンプ場も整備されている。

「花坂の棚田」は黒姫山南西山麓の大野地区に

棚田・水田遺跡

新潟県柏崎市高柳町 柏崎の棚田

農道の傾斜地を緩やかにする目的として、水田が菱形に区画されている（大開の棚田）

ある。傾斜地を巧みに整地した畦模様の美しい水田で、稜線部に残した林の裾に用水路を通して9ヘクタールの田へ配水している。地すべり指定地域、地区の高齢化と厳しい条件が重なるが、人が入って耕作することにより未然に地すべりを防止できると、個々の農家が身体を張って頑張っている。

「大開の棚田」は鯖石川の上流部、門出地区にある広さ1.3ヘクタールの棚田である。農道の傾斜を緩やかにするため圃場が菱形に区画されているのが特徴で、夏はホタル狩りの名所となっている。地区の「棚田愛農会」が棚田オーナーを募集し、農家との交流を楽しみながら農作業を体験して収穫を喜ぶ活動も行なっている。

農家などが草刈りを行なうなど、環境保全に地域が一丸となって取り組んでいる。観光で棚田を訪れるなら春と秋がきれいだ。春（5月）は新緑と山腹の残雪が水の張られた棚田に映え、秋（9・10月）なら黄金色に実った稲穂と山の紅葉が大地を美しく彩る。

稲穂の黄金色と山の赤色や橙色がグラデーションを生み、圧巻の美景となる（梨ノ木田の棚田）

地域が一丸となって環境保全に取り組む

3つの棚田では毎年6月、ボランティアや地元

DATA 鉄道：JR柏崎駅から車で43分
車：北陸自動車道柏崎ICから車で40分

◆ 柏崎の棚田と合わせて行きたい！オススメ周辺情報

荻ノ島（おぎのしま）かやぶきの里（さと）

今も息づく環状集落

田んぼを囲むように家屋が建ち並び、茅葺屋根の家屋が点在する伝統的な農村集落。茅葺の宿「荻の家」「島の家」があり、9割が県外客。昼間の心地よい風景と虫の音、星空の静かな夜が格別。

DATA ☎0257-41-3252 所新潟県柏崎市高柳町荻ノ島1090番地2 交北陸自動車道柏崎ICから車で30分 Pあり MAP P190 B-2

門出（かどいで）かやぶきの里（さと）

かやぶき民家で農家暮らしを体感

高柳町門出にある2軒のかやぶき民家「おやけ」と「いいもち」は宿泊施設となっている。田舎料理を味わったり、餅つきや紙漉きなどを体験したり、農家の暮らしを体感できる。

DATA ☎0257-41-3370 所新潟県柏崎市高柳町門出5237 交北陸自動車道柏崎ICから車で40分 Pあり MAP P190 B-2

高柳（たかやなぎ）じょんのび村（むら）

心も体も開放的になれる

「じょんのび」とは方言で「ゆったりのんびり芯から心地よい」という意味で、温泉や宿泊施設、レストランが揃った滞在型交流施設。手作りの豆腐やがんもどきが人気みやげとなっている。

DATA ☎0257-41-2222 営10:00～21:00（12～3月は～20:00）休第2・第4火曜（要確認）所新潟県柏崎市高柳町高尾10-1 交北陸自動車道柏崎ICから車で30分 Pあり MAP P159

石川県輪島市

しろよねせんまいだ
白米千枚田 ✿

海と棚田の織りなす美しいコントラスト

風光明媚な海岸が連続する能登半島。里山と里海の自然に恵まれ、そこに息づく生活文化や営みが世界農業遺産に認定され、世界が注目するスポットとなっている。

手作業で管理される1004枚の田んぼ

　白米千枚田は、平成23(2011)年、世界農業遺産に登録された能登の里山里海を代表する幾何学模様が美しい棚田だ。奥能登の最高峰とされる高州山（標高567メートル）の山すそから海に向かって約4ヘクタールの急斜面に大小1004枚もの田が並んでいる。1枚当たりの面積は平均18平方メートルとかなり小さく、農機を利用できず、田植えや草刈り、稲刈り、はざ掛けまで今も昔ながらの手作業で行なっている。このような地に棚田が作られたのは、約400年前、住民を悩ませていた地すべりの被害を防ぐため、土手を低くして小さな田を数多く作ったことに由来すると言われている。

棚田・水田遺跡

石川県輪島市　白米千枚田

棚田では能登ひかりとコシヒカリが作られている

高齢化や過疎化の進展で耕作や維持管理、担い手の確保が難しくなる中、平成18（2006）年からオーナー制度を取り入れ、耕作ボランティア団体「白米千枚田愛耕会」がオーナー田を管理している。オーナー会員は200人近くまで増え、同団体が中心となり、多様な生物をはぐくむ棚田の役割や魅力を農業体験を交えながら伝え、美しい景観の保全に務めている。

秋から冬にかけて光のイベントも好評

稲刈りを終えた棚田では、約2万1000個の発光ダイオード（LED）で彩る冬季限定のイルミネーションイベント「あぜのきらめき」が開催され、毎年多くの人々を魅了している。ピンク色と黄色に30分ごとに色が切り替わるLEDを採用し、日没後は幻想的な雰囲気に包まれ、10月中旬から3月中旬まで楽しめる。このほかにも千枚田では、毎年9月の収穫期に一般公募で選ばれたカップルの結婚式が行なわれるなど、棚田の美しい景観を生かしたイベントも充実している。

LEDライトは日没から4時間点灯される

DATA
空港：のと里山空港から車で40分

◆白米千枚田と合わせて行きたい！オススメ周辺情報

道の駅 すず塩田村（えんでんむら）

伝統的な塩づくりに挑戦

奥能登だけで続く昔ながらの「揚浜式」という製塩法を伝える。塩の資料館が併設され、塩づくりを映像などでも紹介している。5〜9月は海水を塩田にまく塩づくり体験ができる。

DATA ℡0768-87-2040 営8:30〜17:30（12〜2月は9:00〜16:00）休無休 料塩づくり体験（浜士体験コース・2時間）大人2000円、小人1000円（要予約）所石川県珠洲市清水町1-58-1 交のと里山空港から車で40分 Pあり MAPP190 A-2

千里浜なぎさドライブウェイ（ちりはま）

波打ち際を爽快ドライブ

世界的に珍しい砂浜ドライブウェイ。約8キロメートル続く波打ち際の絶景を楽しみながら車で走行できる。夏は県外から多くの海水浴客が訪れ、千里浜の浜茶屋名物・はまぐりもオススメ。

DATA ℡0767-29-8250（宝達志水町企画振興課）所石川県宝達志水町〜羽咋市 交のと里山海道今浜IC・千里浜ICすぐ※天候や波の状況により通行規制あり Pあり MAPP190 A-2

春蘭の里（しゅんらんのさと）

田舎暮らしを体験

現在、47軒の農家民宿で構成され、田植えや山菜採り、釣りなど多彩な体験メニューが楽しめる。各宿一日一客のもてなしで囲炉裏を囲みながら素朴な地元の味を堪能できる。

DATA ℡0768-76-0021（春蘭の里事務局）料1泊2食・1人14580円（1名のみ）、同12420円（2名）所石川県能登町宮地・鮭尾地区 交のと里山空港から車で7分 MAPP190 A-2

岐阜県恵那市
さかおりたなだ
坂折棚田

江戸時代から続く棚田は地域の知恵で守り抜く

棚田百選に選ばれ、全国サミットの会場にもなった坂折棚田。その美しい景観や水田を守るためには後継者不足という課題を乗り越える必要があった。

石積みの美しい棚田景観は先人の知恵と努力の賜物

みどり豊かな笠置山と権現山に囲まれた岐阜県恵那市の中野方町坂折地区には、標高400メートルから600メートルの東向き斜面に、坂折川をはさんで石積みの美しい棚田が広がっている。この坂折棚田は約400年前から築かれ、明治の初期にほぼ現在の姿が形成されたと言われる。江戸時代に川普請や新田開発に長けた「黒鍬」と呼ばれた人たちが「谷落とし」という技法を用いて堅固な石垣を積み上げた。その後、幾度も補修を繰り返して現在に至っている。先人の知恵と努力が凝縮された独特な田園風景は平成11（1999）年、農林水産省の棚田百選に選定され、平成15（2003）年には第9回全国棚田サミットの会場となった。

棚田・水田遺跡

岐阜県恵那市 坂折棚田

オーナー制度の導入が地域に転機をもたらした

しかし他の多くの棚田同様、少子高齢化による後継者不足は坂折とて例外ではない。地元だけでは水田の半分も守れない深刻な事態に陥り、ついに「棚田オーナー制度」を平成18（2006）年に導入した。「この素晴らしい景観を後世に残すため、私たちと共に考え、農作業に汗を流し、収穫の喜びを感じたい―」募集チラシに掲げた真摯な思いは伝わった。名古屋から車で1時間と近いことも魅力で、都市部のオーナーが年々増えている。田植え、草取り、稲刈りと年3回の農作業や収穫祭などの行事を通じて地元の農家との交流もずいぶん活発になった。

毎年6月の第1土曜日の夜、坂折棚田で豊作を願う「田の神様灯祭り」が行なわれ、あぜに置かれた千個のろうそくが棚田を幻想的に彩る。この集落には、各家に祀る田の神に田植えを終えたことを報告し、五穀豊穣を祈る風習がある。それを外から誰でも参加できるイベントに仕立てたのである。棚田の美と物語を戦略化したとも言えるだろう。

秋には1800個のLEDランプが灯され、あぜ道がピンクや黄色に彩られる

DATA
鉄道:JR恵那駅から車で25分
車:中央自動車道恵那ICから車で20分

◆坂折棚田と合わせて行きたい！オススメ周辺情報

恵那峡（えなきょう）

遊覧船から眺める雄大な峡谷美

約80年前に木曽川をせき止めて造られた人工湖。自然と人工の美しさが巧みに調和し、遊覧船からの眺めは格別。春は桜やツツジ、夏の新緑に恵那峡のシンボルの赤い大橋がよく映える。

DATA TEL 0573-25-4058（恵那市観光協会）所 中央自動車道恵那ICから車で10分 P あり MAP P163

不動滝やさいの会（ふどうたき やさいのかい）

オール恵那産野菜が並ぶ

地元農家の女性有志が運営する農産物直売所。店頭に並ぶ野菜はすべて恵那産にこだわっている。食事処の「味菜定食」（600円）は、旬の野菜をふんだんに使った彩り豊かな1番人気。

DATA TEL 0573-23-2166 営 8:00～15:00（土日・祝は8:00～16:00）休 12月26日～3月中旬 所 岐阜県恵那市中野方町41-1 交 中央自動車道恵那ICから車で30分 MAP P190 A-3

茅の宿とみだ（かやのやど とみだ）

築120年の茅葺き古民家で田舎体験

「日本一の農村景観」と称される美しい自然の中で、田植えや稲刈り、山菜採りなど農業体験ができる宿泊施設。築120年の茅葺きの古民家では、囲炉裏を囲みながら極上の時間を楽しめる。

DATA TEL 0573-43-4021 営 11:00～14:00（土・日曜、祝日限定ランチ）休 年末～2月 料 1人4000円～（6名以上で1棟貸し切り）所 岐阜県恵那市岩村町富田2024番地 交 中央自動車道恵那ICから車で30分 MAP P190 A-3

愛知県新城市
よつやのせんまいだ
四谷の千枚田 🍁

山の湧水がもたらす恵み
先人が汗と涙で遺した棚田

愛知県新城市の四谷の千枚田は、湧き水の恵みと人々の思いに守られ、400年以上の歴史を宿す美しい棚田として知られる。今では、開かれた地域づくりにも欠かせない存在となっている。

急峻な山肌に広がる
石積みの棚田

　鞍掛山(標高883メートル)の南西斜面に広がる新城市の山間集落に四谷の千枚田はある。標高220メートル付近から標高420メートル付近まで、傾斜の急な山肌を重労働に耐えながら手作業で開墾し階段状に石を積んだ田んぼで、その標高差は約200メートルにものぼる。山崩れなどで流出してきた石を使っているため、独自の趣が感じられるのも特徴だ。山頂に向かって整然と田が広がる景色は見事で、鞍掛山の中腹から流れ出す豊富な湧水のおかげで大雨が降っても水が濁ることがない。いつも清らかな水が棚田を潤し、おいしい棚田米と多種多様な動植物も育つ環境が守られている。

愛知県新城市 四谷の千枚田 — 棚田・水田遺跡

悲劇を乗り越え、地域ぐるみで継承

　明治37(1904)年、大雨による山崩れに飲み込まれ、田と家屋10戸、11人の命が失われる大惨事が起きた。しかし、人々は諦めることなく鍬とモッコを手に復興に立ち上がり、辛苦の末に見事な千枚田を蘇らせた。急峻な棚田を築き守り通した農家の血と汗、人々の棚田への深い思いが透けて見える。

　現在は22戸の農家が420枚の田を耕作している。収穫した稲穂を「はざ」に掛けて自然乾燥させる手作業による農業を続けている。先人の知恵と努力で築かれた棚田を後世に伝承しようと「鞍掛山麓千枚田保存会」が組織され、地域一体となった取り組みも行なわれている。その成果なのか、映画のロケ地に選ばれたほか、水を張った田が鏡のように見える春、一面に鮮やかな緑が広がる夏、黄金色の稲穂が風に揺れる秋など四季折々の美しい風景を楽しみに都市部から訪れる人も増えている。観光資源としてもなくてはならない棚田であることは言うまでもない。

山の斜面や丘陵地と調和し、曲線美を織りなす姿は太古と変わらぬ芸術美

四谷の千枚田

DATA
車:新東名高速道路新城ICから車で32分

◆四谷の千枚田と合わせて行きたい！オススメ周辺情報

桜淵公園(さくらぶちこうえん)

東海地域屈指の桜の名所

「奥三河の嵐山」とも呼ばれ、3月下旬〜4月上旬の「さくらまつり」には豊川河畔に約2000本の桜が咲き、県外からも多くの花見客が訪れる。夏の花火大会や秋の紅葉時も多くの人で賑わう。

DATA ☎0536-32-0022(新城市観光協会) 所愛知県新城市庭野字八名井田 交新東名高速道新城ICから車で15分 Pあり MAP P190 A-3

鳳来寺山(ほうらいじさん)

奥三河の自然に溶け込む古刹

紅葉の名所として有名。古刹「鳳来寺」や樹齢800年の日本一の高さ60メートルを誇る傘杉、徳川家光が建立した国の重要文化財の東照宮など見どころもいっぱい。

DATA ☎0536-32-0022(新城市観光協会) 所愛知県新城市門谷字鳳来寺 交新東名高速道新城ICから車で25分 Pあり MAP P165

鮎滝(あゆたき)

珍しい笠網漁でアユを捕る

豊川の支流・寒狭川にあり、アユが滝に向かう様子からこの名が付いた。ここでは遡上するアユを網の付いた竿で捕る「笠網漁」という伝統漁法が受け継がれ、夏の風物詩ともなっている。

DATA ☎0536-32-0022(新城市観光協会) 所愛知県新城市出沢銭亀 交新東名高速道路新城ICから車で10分 MAP P165

三重県熊野市
まるやませんまいだ
丸山千枚田 🌸

日本の農耕文化の原点は千枚田
その矜持が棚田を荒廃から救う

紀伊山中に美しい景観を呈する丸山千枚田があり、地域住民が一丸となって守ろうとしている。そこには棚田に生きる人々の熱い想いがあった。

時代の流れとともに荒廃した千枚田

丸山千枚田は三重県熊野市紀和町の丸山地区にある。白倉山（標高736メートル）南西斜面の標高90〜250メートルに作られた棚田で、高低差の大きい急峻な地形にあるため水田1枚当たりの面積は小さい。畦の密度が大きく、山ひだの斜面に投網を打ったような美しい景観は見ごたえ十分だ。面積7.2ヘクタール、水田1340枚からなる日本最大級の棚田である。

この棚田がいつごろ作られたのかは明らかではないが、慶長6（1601）年に紀伊国に入封した浅野幸長が行なった検地の記録によると、7町1反8畝（約7.1ヘクタール）、2240枚の棚田があったとされる。以降も開墾は続けられ、明治時代には11.3ヘクタールまで広がって昭和30年

棚田・水田遺跡

三重県熊野市 丸山千枚田

千枚田が夕日に照らされて、うっすらとオレンジ色に染まる景色は格別

代までその規模が保たれた。しかし昭和40年代に入ると、高度経済成長による若者の流出が後継者不足に追い打ちをかけた。加えて減反政策、高齢化に伴う農業従事者不足が重なった。棚田は作業効率の悪い水田から耕作が放棄されやすく、次第に荒廃していく。丸山千枚田も平成初期には4.6ヘクタール、530枚まで減少していた。

全国初の千枚田条例と棚田オーナー制度で回復

「先祖から受け継いだ大切な棚田を自分たちの代でなくしたくはない」との住民の熱い想いが一気に高まり、行政の後押しも得て千枚田復元作業が開始された。平成6（1994）年、「日本農耕文化の原点を内包しているのが千枚田である」と前文で高らかに謳う「丸山千枚田条例」を全国で初めて制定、住民一丸となって復元と保全活動を展開している。地元だけでは限界があるため、活動に賛同する人を棚田のオーナーとして募った。オーナーは田植えや収穫時に千枚田を訪れて作業をし、できたお米が届けられる仕組みだ。日常の管理は丸山千枚田保存会が行なう。こうした地道な復元作業により棚田は現在の姿にまで回復した。

DATA
鉄道:JR熊野市駅から車で37分
車:熊野尾鷲道路大泊ICから車で45分

◆ 丸山千枚田と合わせて行きたい！オススメ周辺情報

トロッコ電車（でんしゃ）

旅情気分を盛り上げる

鉱山の町で栄えた熊野市紀和町は、1200年以上前から銅の採掘が行なわれていた。今は廃坑になった鉱山のトロッコが入鹿温泉ホテル瀞流荘と湯ノ口温泉間の約1キロメートルを10分間で結んでいる。

DATA ☎0597-97-1126（湯元山荘 湯ノ口温泉）営8:50〜17:10 料往復540円 所三重県熊野市紀和町湯ノ口10 交紀勢自動車道熊野大泊ICから車で40分 Pあり MAP P189 B-3

赤木城跡（あかぎじょうあと）

築城当時の貴重な姿を今も残す

朝もやに浮かぶ城跡が幻想的で「天空の城」とも呼ばれている。豊臣秀長の家臣だった築城の名手・藤堂高虎が行ない、今も築城当時の原形を残す城跡として全国的に注目されている。

DATA ☎0597-89-4111（熊野市観光スポーツ交流課）所三重県熊野市紀和町赤木 交紀勢自動車道熊野大泊ICから車で50分 Pあり MAP P167

瀞峡（どろきょう）

荒々しい断崖と巨岩が続く峡谷美

吉野熊野国立公園内の三重県と奈良県、和歌山県にまたがる国特別名勝の大峡谷。瀞峡は北山川の上流から奥瀞、下瀞に分かれ、とりわけ下瀞は奇石や巨岩が並び、荘厳な雰囲気が魅力。

DATA ☎0597-89-4111（熊野市観光スポーツ交流課）所三重県熊野市紀和町木津呂 交紀勢自動車道熊野大泊ICから車で1時間 MAP P189 B-3

奈良県磯城郡田原本町

からこ・かぎのじょうりせいすいでん
唐古・鍵の条里制水田

貴重な農耕初期の生活文化を今に伝える全国最大級の環濠集落

弥生時代が農耕社会であることを証明した「唐古・鍵遺跡」。遺跡の中心部は当時の生活を追体験できる公園の整備が進められ、周囲には古代以降の水田風景が広がっている。

弥生時代の多重環濠の外側に古代以降の条里制水田

奈良盆地のほぼ中央部、田原本町大字唐古から鍵にまたがる「唐古・鍵遺跡」は、42ヘクタールの規模を有する弥生時代最大級の環濠集落として知られている。昭和11（1936）年、国道建設のための土が江戸時代の農業用ため池である唐古池から採土され、調査が行なわれた。その際、土器や木製品が出土し、弥生時代の稲作農耕の実態が明らかになった。その後、昭和52（1977）年に調査が再開され、平成29（2017）年現在では122次の調査を数えている。平成11（1999）年、遺跡の一部（10ヘクタール）が国の史跡になった。

集落は、大型建物跡や竪穴住居跡、木器貯蔵穴、井戸などで構成され、直径400メートルの大環濠（内濠）が囲んでいる。その外側には多重の

棚田・水田遺跡

奈良県磯城郡田原本町　唐古・鍵の条里制水田

環濠が巡らされ、外敵の侵入や洪水から集落を守るとともに物資輸送の運河の役目も果たした。

唐古・鍵遺跡では、多量の炭化米が出土しているほか、木製の鋤や鍬などの農具も見つかり、大規模な農耕集落であったことが判明している。大和地域は、唐古・鍵遺跡に限らず弥生時代から農耕技術が発達し、水田開発が進んだ。

奈良時代以降には、東西南北の方向に合致した条里制水田へと変遷した。平安時代には有力貴族や興福寺などの荘園となり、その後、土地所有の形態は変化しながら、現代に至っている。現在見る条里制水田の風景は、こうした歴史的な推移の中で醸成され、大和の原風景となったのである。

唐古池の桜と楼閣のコントラストは美しく園内の名所となっている

重環濠」が復元されたエリアなどで構成されている。唐古池隅には、土器に描かれた絵画を元に楼閣が復元され、町のシンボルとなっている。

弥生の風景を再現する史跡公園が平成30年開園へ

このような条里制水田の中に誕生する「唐古・鍵遺跡史跡公園」は、平成30（2018）年4月の開園に向けて整備が進められており、大型建物の柱穴模型を展示する「遺構展示情報館」や大型建物跡の柱を建てた「弥生の建物広場」、5条の「多

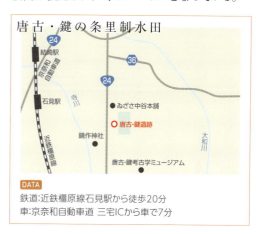

唐古・鍵の条里制水田

DATA
鉄道：近鉄橿原線石見駅から徒歩20分
車：京奈和自動車道 三宅ICから車で7分

◆ 唐古・鍵の条里制水田と合わせて行きたい！オススメ周辺情報

唐古・鍵考古学ミュージアム（からこ・かぎこうこがく）

弥生時代の暮らしぶりが分かる

唐古・鍵遺跡から出土した土器や石器など、数多くの秀逸な実物資料を展示予定。弥生時代の生活文化や弥生時代の造形美、「ものづくり」の技にもフォーカスした資料で、2000年前を実感できる。

DATA TEL 0744-34-7100 営9:00～17:00（入館は16:30まで）料200円 休月曜 所奈良県磯城郡田原本町阪手233-1田原本青垣生涯学習センター2階 交京奈和自動車道三宅ICから車で10分 Pあり MAP P169

ゐざさ中谷本舗（なかたにほんぽ）

県民に愛される柿の葉すしの老舗

大正10（1921）年に米屋として創業した奈良の郷土料理「柿の葉すし」の名店。鯖ずしは柿の葉の香りとの相性がよく、おいしいと評判。「柿の葉すし10個入り」（1200円）は鯖と鮭の2種類の味が楽しめ、おみやげに最適。

DATA TEL 0744-34-0133（田原本店）営9:00～18:00 所奈良県磯城郡田原本町唐古80-5 交西名阪自動車道天理ICから車で15分 Pあり MAP P169

鏡作神社（かがみつくりじんじゃ）

美の神をまつる

三種の神器である八咫鏡（やたのかがみ）を鋳造した神が祀られる。古くから鏡づくりの神として信仰を集め、美の神として技術向上を願う美容師や鏡業界の関係者が全国から参拝に訪れる。

DATA TEL 0744-32-2965 所奈良県磯城郡田原本町八尾816 交近鉄田原本駅から徒歩で15分 MAP P169

奈良県高市郡明日香村

神奈備の郷 稲渕
かんなびのさと　いなぶち

彼岸花が咲く頃に訪れたい
大都市近郊の棚田景観

神奈備の郷 稲渕の棚田は京阪神から至便な場所にある。地元の農家は棚田を核に据えた都市部との交流を通して地域活性化に取り組んでいる。

いにしえの香りを
今に伝える

　奈良県のほぼ中央部に位置する明日香村は、6世紀末から7世紀末にかけての約100年間、宮城がおかれた大和朝廷発祥の地、飛鳥とほぼ重なる場所にある。特別史跡の石舞台古墳や高松塚古墳、天皇の陵墓などの遺跡が多くあり、歴史と古代文化が香り立つ地域である。

　神奈備の郷 稲渕の棚田は、石舞台古墳から県道15号線を約2キロ南下した場所にある。緩斜面に広がる大小315枚の水田と畑からなり、万葉集にも詠われた飛鳥川より取水している。棚田の歴史は古く、平安時代までさかのぼると言われる。そのせいなのか、棚田と周囲の風景は実にのどかで、日本の農村の原風景を思わせ、つい郷愁がつのる。

棚田・水田遺跡

奈良県高市郡明日香村 神奈備の郷 稲渕

秋には棚田の畔や土手に、県下有数の自生地として知られる彼岸花が咲き誇る

オーナー制度やイベント
棚田の魅力が地域を活性化

ここは京阪神の大都市部にも近く交通も至便なことから、都市部から人を呼び込んで地域を活性化しようと、集落が「棚田ルネッサンス実行委員会」を立ち上げ、平成8（1996）年に「棚田オーナー制度」と呼ぶ体験農園を開設した。棚田での米作りを通して都市と農村が交流し、自然と人間の共生を考え、新しい農村文化を発信する活動を展開している。オーナーは地元農家の指導の下で農作業を行なうが、「もっと自然を楽しみたい」とするオーナーからの発案を受け「蛍の夕べ」など稲渕の強みを生かしたイベントも始まった。

平成22（2010）年には活動主体をNPO明日香の未来を創る会に法人化した。オーナー制による米作りのほかにも多彩な活動に取り組んだ。そのひとつが案山子コンテストだ。木や布、プラスチックなど身近な材料で工夫した独創的な案山子をつくり、できた作品は棚田に置かれて来訪者を待ち受ける。毎年9月中旬には稲渕の棚田に彼岸花も咲き誇る。黄金色の田んぼの畦を彩る艶めかしい赤花が美しい。

DATA バス：近鉄飛鳥駅から周遊バス石舞台バス停下車徒歩10分　車：名阪国道天理東ICから車で39分

◆ 神奈備の郷 稲渕と合わせて行きたい！オススメ周辺情報

夢市茶屋（ゆめいちちゃや）

古代米を提供する農家レストラン

明日香村のシンボル・石舞台古墳のすぐそばにある農家レストラン。古代米や村内の新鮮野菜など地産地消にこだわり、地元のお母さんが心のこもった手づくり料理を提供している。

DATA TEL0744-54-9450 営11:00〜16:00（土・日曜、祝日は〜17:00）所奈良県高市郡明日香村島庄154-3 交近畿日本鉄道飛鳥駅から車で10分 Pあり MAP P171

ゆるりや

新鮮野菜で夫婦がおもてなし

築150年の古民家を生かした農家民宿。オーナーが栽培した無農薬野菜をたっぷり使った田舎料理や飛鳥鍋が評判で、リピーターも多い。田植えや稲刈り、野菜の種まきなど農業体験も可能。

DATA TEL0744-54-2516（要予約）休不定休 料1泊2食付き9500円 所奈良県高市郡明日香村入谷665 交南阪奈道路新庄ICから車で50分 Pあり MAP P189 B-2

祝戸荘（いわいどそう）

古代飛鳥の宮廷料理が人気

棚田や飛鳥川など自然に包まれたロッジ風の宿泊施設。レストランは食事だけの利用もOK。古代飛鳥の宮廷の人も食べていた食材を使った「万葉あすか葉盛御前（古代食）」が一番人気。

DATA TEL0744-54-3551（要予約）営11:30〜14:00 所奈良県高市郡明日香村祝戸303 交近畿日本鉄道飛鳥駅から車で15分 Pあり MAP P171

和歌山県有田郡有田川町
あらぎじま
あらぎ島

扇形に並ぶ54枚の水田が有田川町のシンボル

和歌山県を流れる有田川の大きな蛇行の内側に美しい棚田がある。あらぎ島と呼ばれ、江戸時代初期の農民による新田開発の苦心の跡が広がっている。

有田川の河岸段丘を農民が棚田に変えた

　ぶどう山椒や棚田米で有名な和歌山県有田川町の清水地域、有田川河岸に沿って段丘を彩る美しい棚田は「あらぎ島」と呼ばれ、地元自慢の観光資源にもなっている。この棚田は、面積が2.3ヘクタールと決して大きくはないが、大小54枚の水田が有田川のΩ字状に曲がりくねった淵の内側に扇形に並ぶ珍しい形状を見せている。

　「日本の棚田百選」はもとより「国選定重要文化的景観」にも選定されており、対岸から見下ろす景観は町を代表する景色として観光案内パンフレットにもよく用いられている。

　ここはもともと有田川が蛇行して形成した河岸段丘地形だった。江戸時代初期の明暦元

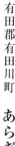

棚田・水田遺跡

和歌山県有田郡有田川町　あらぎ島

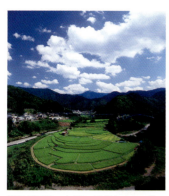

棚田が扇状に広がり、展望台からの眺めは時間帯によってさまざまな表情を見せる

（1655）年に地元の庄屋・笠松左太夫が資金を提供、地元の農民を動員して村の近くを流れる湯川川を水源とするかんがい工事を開始した。これと並行して新田開発の開墾も行ない、河岸段丘を棚田に変えたとされている。

水田が、川べりいっぱいまで最大限にきれいな弧を描いて作られているのは、庄屋の美意識からではなく、経験則から川の自然を知り尽くし一粒でも多く米がとれることを願った農民の知恵と意見も強く働いたことだろう。

四季折々の美しい表情
手作りのイベントも楽しい

ホタテ貝に似た小宇宙は四季折々、さまざまに表情を変える。棚田に水が張られた田植え時、青葉が繁り白雲の湧く盛夏、稲穂が黄金色に熟れる秋、薄く雪化粧する冬。いずれも川の対岸の展望台からの眺めがベストだ。

毎年、田植えや稲刈体験が行なわれるほか、1700本もの手作りの竹灯燈にろうそくが灯され、棚田を幻想的に浮かび上がらせるイベントなども行なわれ、四季を通して楽しませてくれる。

DATA
鉄道:JR藤並駅から車で50分
車:阪和自動車道有田ICから車で50分

◆あらぎ島と合わせて行きたい！オススメ周辺情報

田舎 café かんじゃ

山椒の生産者が営むカフェ

ぶどう山椒を生産する農家が土日祝限定で営業するカフェ。メニューはもちろんぶどう山椒を使ったものが多く、中でもスープカレーやパスタ、レアチーズケーキは相性がよく人気。

DATA ☎0737-25-1315 営11:00〜19:0(LO18:00) 休月〜金曜 所和歌山県有田郡有田川町宮川129 交阪和自動車道有田ICから車で60分 Pあり MAP P189 B-3

道の駅 あらぎの里

女性に人気の「こんにゃくうどん」

日本一の生産量を誇る「ぶどう山椒」の商品や自家製こんにゃくを使った「こんにゃくうどん」などユニークな品揃えに定評がある。手漉きでつくる伝統工芸・保田紙の製品も好評。

DATA ☎0737-25-0088 営10:00〜17:30(11〜2月は〜17:00) 休火曜 所和歌山県有田郡有田川町大字三田664-1 交阪和自動車道有田ICから車で50分 Pあり MAP P173

しみず温泉 あさぎり

自然に包まれた極上の癒し空間

地元の旬の食材を使った料理が味わえるレストランや温泉などがある宿泊施設。山並みを一望できる客室は全8室で1階は和室・洋室各2部屋、2階はバルコニー付の和室となっている。

DATA ☎0737-25-1181 営9:00〜17:00 所和歌山県有田郡有田川町清水1225-1 交阪和自動車道有田ICから車で60分 Pあり MAP P189 B-3

愛媛県喜多郡内子町
いずみだにたなだ
泉谷棚田 🍁

地域活性化の切り札
表情豊かな石積みの棚田

周辺の棚田が減反政策により山林へと姿を変えていく中、かたくなに守り抜いた3戸の農家は、「棚田百選」に選ばれたのを機に都市との交流に新たな活路を求めた。

山の尾根近くに残った
3戸の農家の棚田

　泉谷棚田は愛媛県西部の四国山地に連なる尾根近くにある。標高470メートル、北西に向かって開けた勾配1／3の見上げるような急斜面に95枚の棚田が駆け上がるように重積している。棚田はほとんどが石積みで、高い石垣は6メートルにも及ぶ。

　田んぼは江戸時代末期に作られはじめ、昭和の最盛期には、山頂に近い泉谷から山すそを流れる御祓（みそぎ）川の近くまで、高低差350メートルの見事な棚田が連続していたという。ところが、農業の近代化や国の減反政策により大部分の棚田は見捨てられ、植林されて斜面の多くは山林に戻ってしまった。大規模に棚田の姿を残すのは3戸の農家が保有する現在の4ヘクタール

棚田・水田遺跡

愛媛県喜多郡内子町　泉谷棚田

だけになっている。

守る会を立ち上げ果敢に事業を展開

　地区では、平成11（1999）年に「日本の棚田百選」に選定されたことをきっかけに、地域資源としての棚田を活用した都市との交流事業による活路を模索しはじめた。農家が中心となり「泉谷棚田を守る会」を立ち上げ、田のオーナー制度を導入した「農作業体験ツアー」を開始した。年に一度、棚田保全及び景観維持の理解を深めてもらうため棚田や坂本龍馬脱藩の道など地区内の見どころを訪ね歩く「自然浴ツアー」を開催するほか、尾根から枯れることなく湧き出る棚田大清水で育った良質の棚田米のネット販売も手掛けている。地区は棚田を交流の核として、地域づくりの挑戦を続けている。

　そんな泉谷を訪ねるなら5月と9月、それに夏がいい。5月は田植え期の日没時だ。夕日が水面に射して空も棚田も真っ赤に染まる。9月は稲刈りの頃で、壁のような高い石積と黄金色に実った稲を縦構図で写真を撮ると力強い作品になる。そして夏は絶景の谷間を吹き抜ける心地よい風に癒されるにちがいない。

収穫期の黄金色に染まった棚田も圧巻

急勾配につくられた石積みの棚田は、光の陰影が見事

DATA　鉄道：JR内子駅から車で25分
車：松山自動車道内子五十崎ICから車で25分

◆ 泉谷棚田と合わせて行きたい！オススメ周辺情報

道の駅 内子フレッシュパークからり
（みちのえき うちこ）

内子産の買い食いグルメを満喫

内子町でとれた野菜やフルーツを使ったフレッシュ・ソルべや手づくりパン、内子豚を挟んだバーガーなど地元産にちなんだスイーツやグルメが充実。ここならおみやげ選びも困らない。

DATA　℡0893-43-1122　営9:00～17:00　所愛媛県喜多郡内子町内子2452番地　交松山自動車道内子五十崎ICより車で5分　Pあり　MAP P175

うちこグリーンツーリズムの宿
（やど）

いやしの宿泊施設が揃う

農家民宿やペンションはもちろん、廃校になった小学校や明治期の蔵などを生かしたものまでさまざまな宿泊施設がある。うどん・そば体験、豆腐作りなど体験メニューも幅広く揃っている。

DATA　℡0893-44-2118（内子グリーンツーリズム協会事務局）　所愛媛県喜多郡内子町内子　HP http://uchiko-gt.sakura.ne.jp/

内子町観光農園
（うちこちょうかんこうのうえん）

四国のフルーツ狩りの聖地

温暖な気候に恵まれた内子町は果樹栽培が盛ん。歴史も古く、大正初期からぶどう栽培が始められていた。夏から秋にかけてブドウや桃、梨、イチゴなど観光農園でフルーツ狩りができる。

DATA　℡0893-44-3790（内子町ビジターセンター）　所愛媛県喜多郡内子町内子（内子町内約20件の観光農園でフルーツ狩りを実施）　HP http://www.uchiko-f.com/

高知県高岡郡梼原町

梼原神在居の千枚田
ゆすはらかんざいこのせんまいだ

脱藩の坂本龍馬が駆け抜けた
美しい石積みの棚田

四国山中で「雲の上のまち」を掲げる梼原町は平地に乏しく、山の斜面に石積みの棚田が築かれている。平成7年、日本初の全国棚田サミットが開催された。

石垣に込められた収穫への祈り
司馬遼太郎も感動した絶景

　高知県梼原町は周囲を四国山地の山々に囲まれた人口3600人（平成28年11月現在）の小さな町だ。愛媛県と接する町の北部は「四国カルスト」と呼ばれる大規模な石灰岩地帯で、山上では風力発電用の風車がゆったりと卓越風を受けとめている。「雲の上のまち」を標榜するだけあって町内は標高220メートルから1455メートルの四国カルストまで1200メートルを超える高低差がある。

　集落は四万十川の支流・梼原川に沿って点在し、河床地以外に平地が極めて少ないことから山の斜面を利用した農耕作が発達した。中でも町役場にほど近い神在居（かんざいこ）地区は山の斜面におよそ200枚の田が重なり、「神在居

梼原神在居の千枚田

高知県高岡郡梼原町

棚田・水田遺跡

の千枚田」と呼ばれて親しまれている。この棚田の特色は水を保つための畦が大小の石を積み上げて築かれていることだ。美しい石垣の目一つひとつに、村総出で石を運び上げ、丁寧に積み重ねた先人たちの収穫への祈りが込められている。かつてこの地を訪れた作家の司馬遼太郎は「万里の長城も人類の遺産だが千枚田も遺産だ」と感動したという。

この景観こそが地域の大切な宝物

緻密に積み上げた石垣が特徴の梼原神在居の千枚田は、司馬遼太郎もその美しさに感動した

平成4（1992）年、地元の住民グループが地域の宝物である棚田の景観を守り、都市住民との交流を図る目的で全国に先駆けてオーナー制度を導入すると、多くの問合せや申込みが殺到した。平成7（1995）年9月には日本初の「全国棚田（千枚田）サミット」を梼原町で開催、全国から注目を集めることとなった。

神在居の千枚田を訪ねるなら5月初旬と秋がいい。5月は田植え前の水が張られた幾重にも重なる千枚田が美しく、秋は収穫が終わった棚田を周囲の山の紅葉が錦絵のように彩る。

DATA 車:高知自動車道須崎中央ICから車で50分

◆ 梼原神在居の千枚田と合わせて行きたい！オススメ周辺情報

農家レストランくさぶき

「キジ丼」の元祖といえばココ

茅葺き屋根の民家を利用し、ご当地グルメとして定着した「キジ丼」の元祖とも言われている。ナスのタタキや田舎そば、山菜など梼原ならでは食材を生かしたグルメを提供している。

DATA TEL 0889-65-0500 所高知県高岡郡梼原町太郎川3799-3 交高知自動車道須崎中央ICから車で50分 Pあり MAP P189 A-3

農家民宿いちょうの樹

農家のありのままの暮らしを体験

県内の農家民宿第1号で、女将さんは「全国おかあさん100選」にも選ばれている。野菜作りや昔の遊び、囲炉裏で作る田楽、流しそうめんなど季節に応じた田舎暮らしを楽しめる。

DATA TEL 0889-65-0418 料1泊2食7500円（要予約）所高知県高岡郡梼原町川西路1921 交高知自動車道須崎中央ICから車で55分 Pあり MAP P189 A-3

紙すき体験民宿かみこや

手漉き和紙の魅力を伝える

オランダ人で土佐の匠にも認定された紙漉き職人ロギール氏のプロデュースした土佐和紙の紙漉体験ができる（要予約）。地元食材を生かし、できるだけ無添加で手作りの家庭料理を提供する。

DATA TEL 0889-68-0355 営9:00～18:00 休不定休 所高知県高岡郡梼原町太田戸1678 交高知自動車道須崎中央ICから車で60分 Pあり MAP P189 A-3

大分県豊後高田市

たしぶのしょう
田染荘 🍁

カーブを描く水田に、中世の荘園集落の姿を留める

大分県豊後高田市の田染荘小崎は、九州の3分の1の荘園を所有していた宇佐八幡宮の荘園として繁栄した。1000年以上の時が経った今も、当時の姿が継承されている貴重な中世荘園村落遺跡だ。

荘園として開墾され
緩やかに進化

　瀬戸内海に突き出た国東半島。その西部に位置する田染荘の歴史は、奈良時代中期にまでさかのぼる。天平15（743）年、墾田永年私財法が発令され、各地で有力者による水田開発が競うように進められた時代、田染荘でも、地形を生かしさまざまな曲線を描いた水田が開発された。それらはやがて大領主として君臨していた宇佐八幡宮の荘園となり、田染荘が誕生。また「本御荘十八箇所」と呼ばれる根本荘園の一つとして最も重要視された。現代もなお、当時の面影は色濃く残されており、中でも小崎地区は、1000年以上前の中世の風景をとどめる貴重なエリアであり、「田染荘小崎の農村景観」として平成22（2010）年、国指定重要文化的景観に選定され

棚田・水田遺跡

大分県豊後高田市 田染荘

不揃いの水田が伝える荘園での暮らしと自然

なぜ田染荘小崎地区が1000年以上前の姿をとどめる中世荘園村落遺跡と言えるのか。その証は、しっかりとこの地に刻まれている。証とは、神官として代々この地を支配してきた田染氏が拠点を構えた集落や屋敷跡、史跡、水路、土地の形状を生かした不揃いな水田などを古い史料や絵図と照合したところ、ほぼ昔のままの利用形態で継承されているのが分かったことによる。圃場整備を行なわず、先人から受け継いできた大きさも形も違う田んぼには、ホタルやトンボ、ドジョウなど豊かな生態系も残っている。このような例は日本でも数少なく、平成25（2013）年には、田染荘を含む国東半島が世界農業遺産に認定された。

現在、水田オーナー制度や荘園マルシェ、農家民泊など住民による文化的景観の保全への取り組みが進められており、今後も貴重な遺跡が人々の暮らしと同化した農村として存続していくためさまざまな方法を模索している。

1200年の歴史を持つ貴重な荘園は、地域住民の協力によって今も大切に残されている

DATA
バス：ノースライナー田染真中バス停下車徒歩10分
車：東九州自動車道宇佐ICから車で40分

◆ 田染荘と合わせて行きたい！オススメ周辺情報

花とアートの岬長崎鼻（はなとアートのみさきながさきはな）

海好きにはたまらないスポット

周防灘に面したリアス式海岸の岬の先端にあり、春は約2000本の菜の花、夏は約140万本のヒマワリが咲き誇る。人工ビーチや釣り場、洞窟などがあり、多彩な遊びにも対応している。

DATA ☎0978-54-2237 営9:00～17:00 休木曜 所大分県豊後高田市見目4060 交東九州自動車道宇佐ICから車で50分 Pあり MAP P188 B-3

天念寺（てんねんじ）

周囲の景観も人を引き付ける

養老2（718）年に仁聞菩薩が開基し、修験祈願寺院として繁栄した。景観に優れていることから「天念寺耶馬」と呼ばれ国指定の名勝に指定されている。正月行事の「修正鬼会」でも有名。

DATA ☎0978-27-3049 所大分県豊後高田市長岩屋 交東九州自動車道宇佐ICから車で40分 Pあり MAP P179

並石ダムグリーンランド（なめしダムグリーンランド）

お母さんたちの地元愛を感じる

並石ダムのそばにある「里の駅 並石ダムグリーンランド」では、女性グループが旬の食材で作った料理や加工品、みやげ品などを販売している。手打ちそばの認定店にもなっている。

DATA ☎0978-27-3045 営9:00～15:30 休月曜 所大分県豊後高田市一畑1587 交東九州自動車道宇佐ICから車で45分 Pあり MAP P179

段畑

吹き渡る風と分け隔てない陽の光
先人の労苦が積み上げた畑

空と海のはざまで生きる
人々の知恵と誇り

宇和島遊子／愛媛県宇和島市（本文184頁掲載）

　山の斜面を利用して階段状に築かれた畑は、厳しい土地で暮らす人々の知恵と努力の結晶と言ってよい。

　遊子水荷浦（ゆすみずがうら）（愛媛県宇和島市）は、宇和海に面した標高65〜95メートルの半島の、30度を超える急傾斜地に石を積み、幅、高さとも1メートル程度の畑が幾重にも連なっている。

　石垣の白く輝く斜面が、まるで天に至るように山頂まで続き、城壁のような独特の美しさを生んでいる。平成19（2007）年には国の重要文化的景観に選定されている。黒潮が流れ込む宇和海に面する地とあって、海と山の両方で生活する半農半漁の暮らしが営まれてきた。イワシ漁が盛んになり、沿岸で暮らす人が増え、それにつれて段畑の開墾も進められてきた。稲作には水の確保が難しかったため、サツマイモや桑などが栽培され、今では、味と品質の良い早掘りバレイショの産地として名が知られるようになってきた。

　遊子水荷浦の段畑は、南向きで陽当たりが良く、潮の香りを乗せた海風が吹き上げてくる。ミネラルを豊富に含んだ風、一段一段に分け隔てない陽の光に加え、土は水はけが良い。石垣が昼間の太陽の熱を夜まで蓄え、年中、風が吹

いて霜が降りにくいことなどからジャガイモの栽培に適している。程よく雨が降る宇和島の気候もジャガイモ栽培に向いていて、この段畑では種イモを植えてから収穫まで一度も水やりをしなくていいのが自慢だ。

　最盛期には30ヘクタールを超え、段畑が半島の先まで続いていたものの、今は4.5ヘクタールの段畑を16軒の農家による「段畑を守ろう会」が管理している。

　この守ろう会で理事長を務める山下良征さんは「グループの平均年齢が75歳を過ぎ、毎日の草取りも大変になってきているが、この景観とジャガイモづくりは受け継いでいきたい」と意気込みを語る。

　段畑を支える石垣には片手で持てるほど小さな石が利用されている。幼児から古老まで、村人が総出で力を出し合い、一つずつ積み上げてきた証でもあるのだろう。しかし、石と石のすき間が多く、草取りが重労働となっているにちがいない。

　人の手で小さな石を積み上げただけの石垣はもろさを露呈することもある。豪雨や台風が来ると、気が気ではない。段畑を守ろう会の鳥井康幸さんは「何度も修復して慣れてはいるけど、朝、段畑を見にいくのがいつも怖い」とさえ言う。

　雑草や石積みの崩れがほとんど目につかない石垣の景観は、このような農家の人々の地道な努力なくしては目にすることができなかったのだろう。遊子水荷浦の段畑にはどんな逆境にも負けず、黙々と石垣を昇り降りする、農家の熱い思いが一段一段に詰まっている。

①段畑ではジャガイモやサツマイモ以外に一部でミカンも栽培している　②ハマチや真珠など養殖いかだが浮かぶ宇和湾に面した遊子水荷浦の段畑　③遊子水荷浦の段畑ではジャガイモとサツマイモの二毛作が行なわれている　④小さな石を手で積んだ石垣は、豪雨や台風で崩れやすく、補修作業に時間をとられることも多い　⑤石垣の石が昼間の太陽の熱を蓄えるので、夜も土が温かく、ジャガイモやサツマイモも平地より早めに収穫できる

181

北海道上川郡美瑛町

美瑛
びえい

パッチワークのような
美しい農業景観

美瑛町になだらかに広がる丘陵地は、豊かな農産物を生む耕作地である。と同時にその美しい景観はあまたの観光客を魅了し、おとぎ話の舞台のような地形が農業と観光とを見事に結実させた。

明治の入植者が
原野を耕地に変えた

　北海道の中央部に位置する美瑛町は、町のほぼ全域にわたってなだらかな波状の丘陵が広がっている。「パッチワークの路」と呼ばれる日本離れした美しい景観はどのようにしてできたのだろうか。
　ここは江戸時代末期から十勝岳が大規模な噴火を繰り返し、その火砕流の上を河川が浸食して形成された丘と沢とが連続する起伏の多い原野だった。明治27（1894）年から入植者が開墾して原野を耕地に変えていったが、開墾が格子状の区画割りで行なわれたため、広く雄大な農地が生まれたとされる。丘の傾斜地は畑に、沢の平坦地は水田になった。
　総耕地面積は1万2700ヘクタールにも及び、小麦、馬鈴薯、大豆、小豆、トウモロコシ、アスパラ

段畑

北海道上川郡美瑛町　美瑛

遠くの山まで眺められるほど、雄大に広がる小麦畑は美瑛ならでは

などが栽培されている。これらは「輪作」され、毎年区画ごとに栽培作物を変えている。これに伴い、一つの丘に小麦の黄金色と豆類の緑色とが共存し、傾斜地形とあいまって波のように折り重なる特異な丘陵模様を描きだしている。

「美しい日本のむら」に選ばれ観光客は年間170万人に

美瑛の丘は四季の自然の表情も豊かだ。春は耕作の始まった丘にパンジーやチューリップが咲き誇り、夏はヒマワリ、カスミソウ、ラベンダー、ポピーなどが丘を色分ける。秋は紅葉が足早に大雪山系を駆け下り、冬は真白の雪が大地を覆いつくす。

平成3(1991)年に農林水産省から「美しい日本のむら景観百選」に選定され、年間170万人近い観光客がここを訪れる。ハイシーズンは夏、丘が最も鮮やかに色づく6月から10月だ。美瑛町は町の景観を守るため市街地中心部の電線類地中化に着手した。写真愛好家がアングルを求めて私有地である農地にむやみに入り込まないよう、観光スポット周辺の地中化も検討している。

DATA
鉄道:JR美瑛駅下車すぐ
車:道央自動車道旭川鷹栖ICから車で40分

◆ 美瑛と合わせて行きたい！オススメ周辺情報

拓真館（たくしんかん）

写真家・前田真三の作品に浸る

美瑛町や富良野一帯の風景写真を撮り続けてきた前田真三の作品が並ぶ。廃校となった小学校体育館を改築してオープンしたギャラリー。園内に白樺の並木道やラベンダー畑があり、景色を楽しめる。

DATA TEL 0166-92-3355　営9:00〜17:00(11〜1月は10:00〜16:00)　休2〜4月　所北海道上川郡美瑛町字拓進　交JR美瑛駅から車で15分　Pあり　MAP P191 B-2

セブンスターの木（き）

タバコの箱に描かれた木

丘の上に1本だけ立つカシワの木で、昭和51(1976)年、タバコの銘柄「セブンスター」のパッケージに利用され、この名が付いた。美瑛のシンボルツリーとして地元でも愛されている。

DATA TEL 0166-92-4378(美瑛町観光協会)　営見学自由　Pあり　交JR美瑛駅から車で13分　MAP P183

美瑛カレーうどん（びえい）

道民が認める絶品カレーうどん

平成28年度に行われた「ご当地グルメグランプリ北海道」の味部門で1位を獲得したご当地グルメ。うどんをルーに付けて食べるタイプとチーズが乗った焼きタイプの2種類がある。

DATA TEL 0166-92-4321(美瑛町経済文化振興課)　所北海道上川郡美瑛町(美瑛町内の飲食店で提供)　HP http://www.bieicurry.com/

愛媛県宇和島市
うわじまゆす
宇和島遊子

漁村の営みを物語る「耕して天に至る」段畑

石垣が幾重にも重なる遊子水荷浦の段畑は、半農半漁の地に生きる人々の歴史が生んだ造形美だ。眼前に広がる宇和海の美しさも重なってまさに天に至る絶景。

半農半漁の地に生きる
人々の歴史が造った景観

「耕して天に至る」と形容される遊子水荷浦の段々畑は、宇和海に面した山の斜面に、幅・高さともに1メートルほどの石垣が山頂まで続いている。宇和島市周辺では段畑(だんばた)と呼ばれている。壮観な造形の美と、急な山の斜面を切り拓いてきた人々の歴史の重みが見る人を圧倒する。平成19(2007)年に「国の重要文化的景観」に選定されている。

段畑が形成されたのは江戸時代の終わりごろ。宇和海は古くから国内屈指のイワシの漁場であり、宇和島藩(宇和島伊達家)もその開発に力を注ぎ沿岸部に漁村が生まれた。しかし、沿岸部には稲作に適した土地が少なかったため人々は山の斜面を畑として開墾し、サツマイモ

段畑

愛媛県宇和島市　宇和島遊子

8月の夕涼み会では、行灯で照らされる幻想的な段畑が見られる

による地域おこしグループ「段畑を守ろう会」が設立された。行政と連携をとりながら段畑のオーナー制度などを導入し、段畑の復旧や環境の保全などに取り組んでいる。

　早掘りバレイショの収穫期である春には毎年、段畑でとれたジャガイモの即売などを行なう「ふる里だんだん祭り」を開催。夏には地元の小学生が中心となって手作りの行灯で段畑を照らす一夜限りのライトアップイベントが行なわれるなど、地区住民が一体となって、地域の活性化や積極的な農村振興を図っている。

などを栽培したとされる。養蚕が盛んになった明治末から大正にかけては桑が栽培され、養蚕で得た収入が惜しみなく土岸の石垣化に注がれた。現在は、冬に植えて春に収穫する早掘りバレイショが主要作物となっている。

地区住民一体となった復旧と振興への動き

　かつては30ヘクタールを優に超えていた段畑だが、平成に入ると2ヘクタールほどの規模まで減少し、平成12（2000）年には地元の有志

DATA
鉄道:JR宇和島駅から車で50分
車:松山自動車道宇和島南ICから車で30分

◆宇和島遊子と合わせて行きたい！オススメ周辺情報

だんだん茶屋＆だんだん屋

段畑にちなんだグルメを楽しめる

NPO法人「段畑を守ろう会」が運営する地産地消のレストランと直売所。段畑で収穫したジャガイモを使ったグルメやスイーツを楽しめる。おみやげはジャガイモ焼酎「段酎」が人気。

DATA ℡0895-62-0091 営【だんだん屋】10:00～16:00【だんだん茶屋】11:00～15:00（食事は14:00まで）休【だんだん屋】月曜、木曜【だんだん茶屋】月曜～金曜 所愛媛県宇和島市遊子2323-3 交松山自動車道宇和島南ICから車で30分 Pあり MAPP185

こもぶち うみのいえ こもてらす

絶景の中で宇和島グルメを堪能

新鮮な魚介を使ったドラム缶バーベキューや真鯛の出汁でいただく海鮮しゃぶしゃぶなど宇和島のグルメを満喫できる。海に浮かぶデッキからの眺めがすばらしく、宿泊は素泊まりでもOK。

DATA ℡0895-63-0163 営11:00～17:00（要予約）休月曜 所愛媛県宇和島市蒋渕502-1 交JR宇和島駅からバスで50分 Pあり MAPP189 A-3

三浦の青空市場

地元の元気な生産者と触れ合える

地元の有志で始めた産直市で、「安い」「新鮮」「安心・安全」が魅力。朝から行列ができる人気ぶりで旬の野菜や潮風みかん、海産物などが並び、昼前には売り切れが続出することも。

DATA ℡0895-29-0957 営7:00～14:00（水曜・日曜）休1月の第1日曜 所愛媛県宇和島市三浦束2832-7 交松山自動車道宇和島南ICから車で15分 Pあり MAPP185

宮崎県東臼杵郡椎葉村
たかちほごう・しいばやま

高千穂郷・椎葉山 🌸

自然環境を生かした農林業と独自の伝統文化を受け継ぐ

高千穂郷・椎葉山地域は急峻な山々に囲まれ、十分な農地を確保できない環境を知恵と努力で補い、独自の農林業システムを構築した。代々継承する文化との深いつながりも興味深い。

世界農業遺産に認定
古代から伝わる焼畑農業

高千穂郷・椎葉山地域は、高千穂町、日之影町、五ヶ瀬町、諸塚村、椎葉村の5町村で構成されている。標高1000～1700メートルの険しい山々に囲まれた、九州中央山地国定公園のほぼ中央に位置する。土地の96％が森林で、農地面積はわずか3％の4059ヘクタールしかない。しかし、縄文時代から伝わる伝統的焼畑農業を日本で唯一伝承しているほか、針葉樹と広葉樹で構成されるモザイク林の保全管理、

仲塔渓谷では、常緑樹の緑の中に黄色や赤色など色鮮やかな紅葉がみられる

急斜面に築かれた500キロメートルにも及ぶ農業用水路を使った棚田での米作りなどが今も連綿と受け継がれていることが決め手となり、平成27（2015）年、「世界農業遺産」の認定を受けた。

生活の中から生まれた神楽や民謡の数々

「世界農業遺産」の認定に際しては、急峻な山間地の環境と共生し、農林業の複合経営を行なっていること以外にも高く評価されたことがある。それは、豊かな自然の恵みの中で暮らすことによって紡ぎ出された芸能などの伝統文化を農林業と併せて次世代へ継承する取り組みを地域一体で行なっていることだ。実際、高千穂郷・椎葉山地域では、神楽や民謡が親から子へと何代にもわたって伝承されている。例えば椎葉村では、26地区で神楽が受け継がれており、国の重要無形民俗文化財に指定されている。稗を木の臼でついて脱穀する時の作業唄で、村に伝わる平家伝説をモチーフに、源氏の武将、那須大八郎と平家の姫、鶴富姫の悲恋を歌詞にした有名な民謡、「ひえつき節」もこの地で生まれている。この平家伝説を再現した「平家まつり」は村の一大イベントであり、自然の中で歴史ロマンに触れるまたとない機会として県内外から多くの観光客が訪れる。

段畑　宮崎県東臼杵郡椎葉村　高千穂郷・椎葉山

椎葉の村人にとって1年を締めくくる大事なまつり

高千穂郷・椎葉山

DATA
鉄道:JR日向市駅から車で1時間35分
車:東九州自動車道日向ICから車で1時間30分

◆ 高千穂郷・椎葉山と合わせて行きたい！オススメ周辺情報

仙人の棚田（せんにんのたなだ）

神々しい「椎葉のマチュピチュ」

下松尾地区にある棚田の風景は、インカ帝国のマチュピチュに似ていることから、「椎葉マチュピチュ」とも呼ばれている。朝方に雲海が棚田を覆い、そこに朝日が差し込む様子は幻想的。

DATA ☎0982-67-3139（椎葉村観光協会）所宮崎県東臼杵郡椎葉村　交東九州自動車道日向ICから車で1時間30分　MAP P187

椎葉の秘蜜（しいばのひみつ）

椎葉村のミツバチが育む天然はちみつ

椎葉村に自生する日本ミツバチのはちみつを一つひとつ丁寧に採取した天然はちみつ。自然豊かな椎葉村の花々の蜜をミツバチが自然の力で集めた100%の地蜜は天然の優しい甘さが特徴。

DATA ☎0982-67-3203（椎葉村役場地域振興課・プロジェクトハニー推進協議会）HP https://www.vill.shiiba.miyazaki.jp/

菜豆腐（なとうふ）

野菜や花が入ったユニークな豆腐

冠婚葬祭や祭りで人が集まる時に家庭で作られていた「菜豆腐」。豆乳に刻んだ野菜を入れて固めた華やかな豆腐で、季節に応じて菜の花や藤の花、大根などを入れる。

DATA ☎0982-67-3139（椎葉村観光協会）HP http://www.shiibakanko.jp/

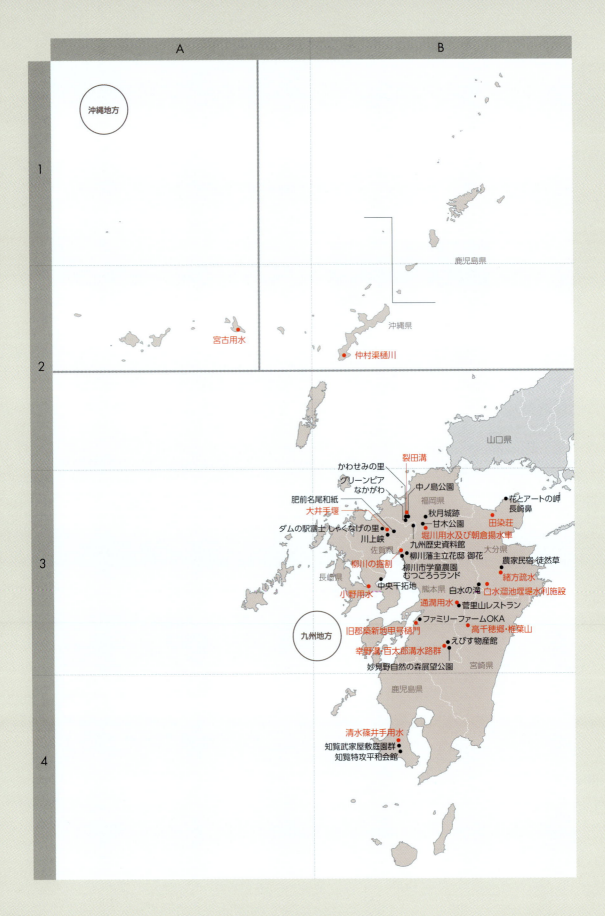

地図

●選定地区　●立ち寄りスポット

189

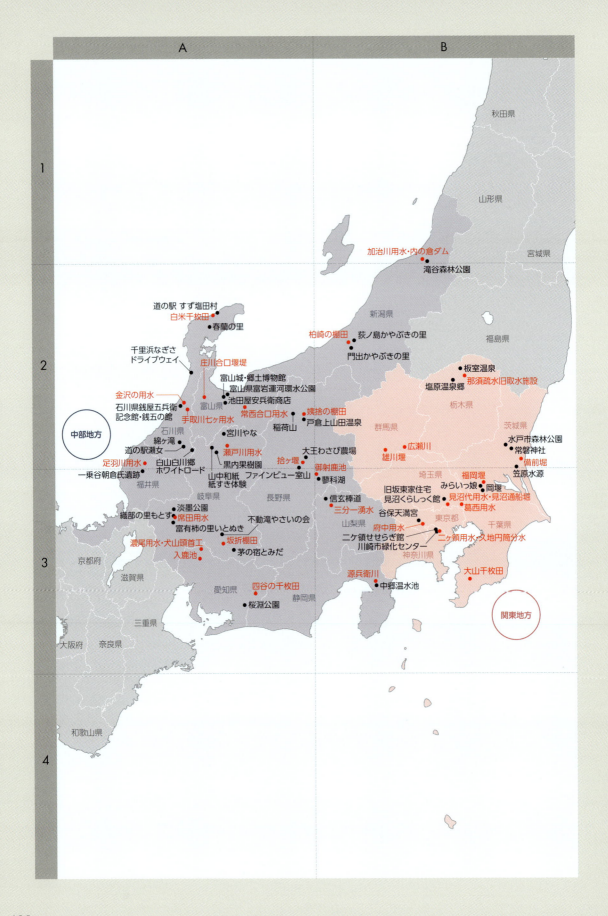

索 引 地域別

地域	名称	所在地	種別	ページ
北海道	美瑛	北海道上川郡美瑛町	段畑	182
東北	稲生川用水	青森県十和田市	疏水	22
東北	廻堰大溜池	青森県北津軽郡鶴田町	ため池・ダム	130
東北	胆沢平野・円筒分水工	岩手県奥州市	疏水	24
東北	骨寺村荘園遺跡	岩手県一関市	棚田・水田遺跡	150
東北	大堰内川	宮城県大崎市	疏水	26
東北	田沢疏水	秋田県大仙市	疏水	28
東北	象潟「九十九島」	秋田県にかほ市	棚田・水田遺跡	152
東北	金山大堰	山形県最上郡金山町	疏水	18・30
東北	安積疏水・猪苗代湖	福島県耶麻郡猪苗代町・郡山市	疏水	32
関東	備前堀	茨城県水戸市	疏水	34
関東	福岡堰	茨城県つくばみらい市	疏水	36
関東	那須疏水旧取水施設	栃木県那須塩原市	疏水	38
関東	雄川堰	群馬県甘楽郡甘楽町	疏水	40
関東	広瀬川	群馬県前橋市	疏水	42
関東	見沼代用水・見沼通船堀	埼玉県さいたま市	疏水	44
関東	葛西用水	埼玉県草加市	疏水	46
関東	大山千枚田	千葉県鴨川市	棚田・水田遺跡	154
関東	府中用水	東京都国立市・府中市	疏水	48
関東	二ヶ領用水・久地円筒分水	神奈川県川崎市	疏水	50
甲信越	三分一湧水	山梨県北杜市	疏水	52
甲信越	拾ヶ堰	長野県安曇野市	疏水	54
甲信越	姨捨の棚田	長野県千曲市	棚田・水田遺跡	156
甲信越	御射鹿池	長野県茅野市	ため池・ダム	132
甲信越	加治川用水・内の倉ダム	新潟県新発田市	疏水	58
甲信越	柏崎の棚田	新潟県柏崎市高柳町	棚田・水田遺跡	158
北陸	庄川合口堰堤	富山県砺波市	疏水	60
北陸	常西合口用水	富山県富山市	疏水	62
北陸	手取川七ヶ用水	石川県白山市	疏水	64
北陸	金沢の用水	石川県金沢市	疏水	66
北陸	白米千枚田	石川県輪島市	棚田・水田遺跡	160
北陸	足羽川用水	福井県福井市	疏水	68
東海	源兵衛川	静岡県三島市	疏水	56
東海	席田用水	岐阜県本巣市	疏水	70
東海	瀬戸川用水	岐阜県飛騨市	疏水	72
東海	坂折棚田	岐阜県恵那市	棚田・水田遺跡	162
東海	濃尾用水・犬山頭首工	愛知県犬山市	疏水	74
東海	四谷の千枚田	愛知県新城市	棚田・水田遺跡	164
東海	入鹿池	愛知県犬山市	ため池・ダム	134
東海	立梅用水	三重県多気郡多気町	疏水	76
東海	丸山千枚田	三重県熊野市	棚田・水田遺跡	148・166

地域	名称	所在地	種別	頁
近畿	琵琶湖疏水	滋賀県大津市／京都府京都市	疏水	78
	永源寺ダム	滋賀県東近江市	ため池・ダム	136
	一の井堰と洛西用水	京都府京都市	疏水	80
	広沢池	京都府京都市	ため池・ダム	138
	狭山池	大阪府大阪狭山市	ため池・ダム	140
	淡山疏水	兵庫県三木市	疏水	82
	いなみ野ため池群	兵庫県加古郡稲美町など	ため池・ダム	142
	唐古・鍵の条里制水田	奈良県磯城郡田原本町	棚田・水田遺跡	168
	神奈備の郷 稲渕	奈良県高市郡明日香村	棚田・水田遺跡	170
	小田井用水	和歌山県紀の川市	疏水	84
	あらぎ島	和歌山県有田郡有田川町	棚田・水田遺跡	172
中国・四国	大井手用水	鳥取県鳥取市	疏水	86
	高瀬川	島根県出雲市	疏水	88
	高梁川東西用水・取配水施設	岡山県倉敷市	疏水	90
	倉安川と吉井水門	岡山県岡山市	疏水	92
	芦田川用水	広島県福山市	疏水	94
	藍場川（大溝）	山口県萩市	疏水	96
	吉野川北岸用水	徳島県三好市	疏水	98
	豊稔池ダム	香川県観音寺市	ため池・ダム	128・144
	満濃池	香川県仲多度郡まんのう町	ため池・ダム	146
	泉谷棚田	愛媛県喜多郡内子町	棚田・水田遺跡	174
	宇和島遊子	愛媛県宇和島市	段畑	184
	四ヶ村溝	高知県四万十市	疏水	100
	梼原神在居の千枚田	高知県高岡郡梼原町	棚田・水田遺跡	176
九州	堀川用水及び朝倉揚水車	福岡県朝倉市	疏水	20・102
	裂田溝	福岡県筑紫郡那珂川町	疏水	104
	柳川の掘割	福岡県柳川市	疏水	106
	大井手堰	佐賀県佐賀市	疏水	108
	小野用水	長崎県諫早市	疏水	110
	通潤用水	熊本県上益城郡山都町	疏水	112
	幸野溝・百太郎溝水路群	熊本県球磨郡湯前町〜錦町	疏水	114
	旧郡築新地甲号樋門	熊本県八代市	疏水	116
	白水溜池堰堤水利施設	大分県竹田市	疏水	118
	緒方疏水	大分県豊後大野市	疏水	120
	高千穂郷・椎葉山	宮崎県東臼杵郡椎葉村	段畑	186
	清水篠井手用水	鹿児島県南九州市	疏水	122
沖縄	仲村渠樋川	沖縄県南城市	疏水	124
	宮古用水	沖縄県宮古島市	疏水	126

おわりに

　東京や大阪、京都などの大都市ばかりでなく、全国各地に多くの観光客が押しかけています。特に目立つのは訪日外国人であり、しかも多様な言語が飛び交いどこの国の人か分からない時があります。官民を挙げて、観光立国を目指す日本の今の姿がここにあります。

　農村では高齢化や過疎化が進行していますが、そのような中、農村の観光は将来に希望を見いだす、一筋の光明ではないでしょうか。別の言い方をすれば、切り札です。人口の増加が期待できない中、都会や外国から人々を農村に招くことは、地域に活力を与え、人々が元気に暮らすエネルギーの源となります。それも日帰りではなく、農家に数泊、できれば1週間滞在してもらえれば、農村はもっともっと元気になることでしょう。

　具体的には、地場の新鮮な野菜や果物を食する、いい汗をかきながら農作業を体験する、美しい農村景観や優れた技術を有する水利施設を見学するというようなことは、都会人には非日常の体験であり、改めて食と農の大切さを学ぶ絶好の機会です。また、リフレッシュにももってこいです。訪日外国人にとっては異国の文化に触れる滅多にないチャンスです。これらは都市の人が農村を知り、外国人が日本の文化や歴史を理解することにつながります。地域にとっては、食の提供を通じ農家レストランや農産物加工などの2次、3次産業の活性化が図られます。

　このような観点から、農村の人・水・土が織りなす暮らしに接していただくために、『一度は訪ねてみたい日本の原風景』として80地区を選びました。

　このとりまとめは試行錯誤の連続でした。なぜなら、水や土などの地域資源を観光とい

泉谷棚田（愛媛県喜多郡内子町）

う視点でとりまとめたものは、これまでなかったからです。人・水・土が織りなす日々の暮らしを、農業、景観、歴史・文化・技術の面からとらえ、食、農泊そして観光に至る地域資源を捉え直しました。

これはさらに大きく発展する可能性があります。それぞれの地域資源を点ではなく、線として捉え、やがて面的な広がりを持ちながら有機的な連携を図ることにより、地域全体が観光コース、ウォーキングコースとして魅力が倍増するに違いありません。

もう一つの切り口は、農業、景観、歴史・文化・技術を結合することです。単にすぐれた農業を行なっている、古い歴史があるにとどまらず、それら全体を一つの物語として大きくとりまとめることは、観光客の関心を呼び起こし地域の新たな魅力を引き出すことになるでしょう。

本書はこれでおわりではありません。これらの地区以外にも美しく豊かな農村がもっともっとあるはずです。地域に眠るお宝を発掘し、磨き、そして世界に向かって情報発信してみませんか。

読者の皆様にも、地域の水や土などの地域資源を通じ、農村の魅力や人々の暮らしをとりまとめ、自らの手で新たな1ページを付け加えていただくことを期待しています。

このような活動が、官民一体となって農村に観光客や訪日外国人を迎えることにつながり、地域の活性化に貢献することと思います。本書がその契機になれば幸いです。

編　集　　角 田　　豊
　　　　　橋 本　　晃
　　　　　下 元　隆 志

一度は訪ねてみたい日本の原風景
～人・水・土が織りなす暮らし～

2018年2月10日　初版第1刷発行

著　者　一般財団法人 日本水土総合研究所
　　　　〒105-0001　東京都港区虎ノ門1丁目21番17号 虎ノ門NNビル

発行者　森下 紀夫

発行所　論創社
　　　　〒101-0051　東京都千代田区神田神保町2-23 北井ビル
　　　　電話 03-3264-5254　ファックス 03-3264-5232
　　　　Web http://www.ronso.co.jp/

編　集
一般財団法人 日本水土総合研究所 ／ 株式会社 EN・JIN（新田嘉人）

取材・執筆
細井勝事務所 ／ 株式会社 EN・JIN（新田嘉人）／ 江村敬司 ／ 中山由貴 ／ 濱田典子

デザイン
山岸浩也デザイン室 ／ rudy69（植田めぐみ）

地図制作協力
株式会社 フォトデザイン・カンパニー（山岸栞依）

取材協力
あさくら観光協会 徳永萬利 ／ 観音寺市文化財保護協会会長 久保道生
五郷里づくりの会事務局 徳善久人 ／ 紀和丸山千枚田保存会
NPO法人段畑を守ろう会

写真協力
神奈川新聞社 ／ ニッセイエブロ ／ 横山写真館 ／ 南日本新聞社 ／ 東山魁夷事務所
長野県信濃美術館 東山魁夷館 ／ 茅野市尖石縄文考古館 ／ 空撮技研 ／ 丹渓 ／ 北杜市役所 ／ 水戸市教育委員会
群馬県立ぐんま昆虫の森 赤城型民家 ／ 大崎市教育委員会 ／ ©京都市メディア支援センター
JAやつしろ ／ 八代よかとこ物産館 ／ 知覧特攻平和館 ／ 千曲市姨捨棚田農都共生協議会
今宮康博 ／ 宇野淳夫 ／ 小山舜二 ／ 上山好康 ／ 前田真三 ／ PIXTA ／ フォトライブラリー　など

印刷・製本
中央精版印刷

©2018 一般財団法人 日本水土総合研究所　Printed in Japan
ISBNコード　978-4-8460-16768　C0026

本誌掲載の写真・図版・記事等の無断複写・転載を禁じます。
落丁・乱丁がありましたときはお取り替えいたします。